Le guide des voyages en cargo

DU MÊME AUTEUR

– *Cowabunga ! Surf Saga*, Le Chêne, 1976.
– *Détour*, Le Dernier Terrain Vague, 1977.
– *Mermere* Lattès, 1978, 1989.
– *Le Dossier vert d'une drogue douce* (avec Michka), Robert Laffont, 1978.
– *Larima Baie*, Lattès, 1985.
– *Les Enfants du Capitaine Nemo* (avec Jacques Rougerie), Arthaud, 1986.
– *Fous de Glisse* (avec Alexandre Hurel), Albin Michel, 1990.
– *Le Manuel du Jeune Robinson* (4 volumes), Fleurus, 1992.
– *L'Homme des Vagues*, Gallimard Jeunesse, 1992.

Hugo Verlomme

Le guide des voyages en cargo

JC Lattès

Sommaire

I. Le voyage

II. Le guide

123 itinéraires classés en fonction des destinations :

1. Voyages entre l'Europe et :

"Voyager plein d'espoir est mieux que d'arriver."

Robert Louis Stevenson

LE VOYAGE

La voie royale

Voyager par mer... Un rêve vieux comme l'humanité.

Il n'y a pas si longtemps encore, le bateau était le seul moyen de partir à la découverte de mondes nouveaux. Les premiers navigateurs et pirates de la préhistoire qui se lancèrent dans le vide de l'océan furent sans doute, comme l'écrivait Buckminster Fuller* dans son *Manuel d'instruction pour le vaisseau spatial Terre*, les premiers hommes à conscience planétaire :

« A mesure qu'ils poussaient de plus en plus loin leurs aventures océaniques, ils se rendaient compte que les eaux étaient un lien réel entre tous les peuples et toutes les régions du monde.

Mais personne d'autre, autour d'eux, ne le savait. »

De nos jours, sous le règne omniprésent de l'avion, le voyage maritime semble tombé en désuétude.

Est-il encore possible de voyager par mer aujourd'hui ?

La réponse est oui, car on trouve désormais des billets de cargo pour voyager dans le monde entier. Ce phénomène est en pleine expansion et ce ne sont pas les bateaux qui manquent.

En effet, il faut savoir que le volume commercial mondial transporté par mer est de... 98% ! Chiffre étonnant qui remet bien des pendules à l'heure. La flotte des cargos en circulation sur le globe est d'environ 40 000 navires. Or, un certain nombre d'entre eux

* Architecte, ingénieur, philosophe et visionnaire, l'Américain Buckminster Fuller (1895-1983) fut l'inventeur du dôme géodésique, et l'un des pères de la conscience planétaire.

naviguent avec des cabines vides et pourraient transporter des passagers.

Depuis le début des années 1990 on constate une véritable renaissance du voyage en cargo. Depuis la guerre du Golfe, disent certains. Ce renouveau est profitable à tout le monde : passagers et compagnies de navigation, voire même aux officiers qui – pour la plupart – se réjouissent de la présence de voyageurs à leur bord.

Cargo blues

Avec le voyage en cargo, c'est toute une imagerie littéraire et nostalgique qui resurgit, dominée par quelques silhouettes.

Tout d'abord, bien sûr, Joseph Conrad, l'un des plus grands romanciers du XXe siècle, d'origine polonaise – son vrai nom était Jozef Konrad Korzeniowski –. Orphelin à dix ans, il s'engagea à Marseille dans la marine marchande française, puis plus tard anglaise. Pour lui, la mer fut une perpétuelle quête initiatique et l'inspiratrice de romans magnifiques.

Malcom Lowry, l'auteur de *Au-dessous du Volcan*, avait lui aussi la mer dans le sang et lisait beaucoup Conrad. A dix-huit ans il travailla comme garçon de pont sur un cargo en route pour le Japon. Ce voyage lui inspirera son premier livre : *Ultramarine* (1933) :

> « *Il gagna la rambarde qui vibrait comme si elle allait s'arracher du pont. Quatorze hommes dans un gaillard. C'était à peine concevable qu'en si peu de temps ils aient formé une communauté ; presque un monde... Un monde dans le monde, une mer dans la mer, un vide dans le vide, l'ultime cercle, celui auquel on n'échappe pas, le neuvième. Le Grand Cercle...* »

Sans oublier Blaise, bien sûr... Embarqué pendant l'hiver 1910 comme interprète à bord du VOLTURNO rempli d'émigrants :

« Le VOLTURNO *était un tout petit cargo, rien du transatlantique, mais un bon petit sabot qui tenait bien la mer. On y crevait quand même de froid, et aussi un peu de faim. Il était archibourré de pauvres, de pauvres de tous les coins d'Asie... »*

Cendrars vécut une mémorable traversée de l'Atlantique : le bateau perdit son hélice au milieu de la tempête ! Blaise Cendrars, bourlingueur et poète du bout du monde, passager des cargos et des transatlantiques...

Et puis le Canadien Jack Kerouac, écrivain routard et vagabond. L'un de ses premiers livres s'appelle : *The sea is my brother*... Kerouac qui a pressenti les effets pervers de l'avion : « *L'époque de l'avion à réaction crucifie le vagabond...* » Kerouac l'aventurier, aide-cuisinier à bord d'un cargo entre les Etats-Unis et le Mexique dans les années 1950, comme il le raconte dans *Le vagabond solitaire*. Aux heures passées dans "les limons des cuisines marines", succédaient de belles journées :

«Levers de soleils bénis, couchers de soleil bénis sur le Pacifique, tout le monde travaille ou lit tranquillement dans sa cabine ; plus une goutte de gnôle à bord. – Calmes journées que je commençais à l'aube, avec un pamplemousse coupé en deux que je dégustais, accoudé au bastingage ; et au-dessous de moi apparaissaient les marsouins qui bondissaient et virevoltaient dans l'air humide et gris, parfois au milieu des pluies violentes où mer et pluie se confondaient. J'écrivis un haïku là-dessus :
Inutile, inutile !
La pluie battante s'enfonçant
Dans la mer ! »

Plus tard en 1957, Kerouac choisit, pour son pèlerinage vers l'Europe, de voyager comme passager à bord d'un cargo yougoslave ; il fut pris dans un violent coup de vent que les marins appelaient "Bourapouche" dans leur dialecte.

Au lendemain de la Seconde Guerre mondiale, cargos mixtes et paquebots répondaient tout juste à l'énorme besoin de communication entre les deux rives de l'Atlantique. Les plaies de la guerre étaient encore béantes. Populations déplacées, soldats retournant chez eux, émigrants pressés d'oublier les cauchemars de la guerre, voyageurs, aventuriers, entrepreneurs, investisseurs... Tous étaient impatients d'arriver. Les paquebots allaient de plus en plus vite pour séduire leur clientèle mais sur le pont des bateaux, chaque jour davantage, les passagers levaient le nez pour regarder passer ces avions qui les narguaient du haut du ciel.

L'avion allait insidieusement gagner du terrain ; les albums de Tintin dessinés par Hergé témoignent très clairement de cette transition entre l'époque des bateaux et celle des avions.

Dans ses premières aventures, réalisées avant la guerre, Tintin voyageait toujours à bord de paquebots, puis plus tard de cargos (le SIRIUS, le KARABOUDJIAN, etc.). Mais ses derniers albums, quant à eux, sont totalement conquis par le ciel : voilà Tintin qui s'envole glorieusement vers la lune, puis, plus tard, victime d'un crash aérien (*Coke en stock*). Dans l'album suivant il s'envole pour le Népal, à la recherche de Tchang, victime d'un autre crash dans l'Himalaya (*Tintin au Tibet*), son avant-dernière histoire s'intitule *Vol 714 pour Sidney* et la dernière image de son dernier album (*Tintin et les Picaros*) représente un avion qui décolle, comme s'il emportait pour toujours l'âme du dessinateur vers le ciel.

Jet-set

L'avènement de l'aviation civile sonne le glas des paquebots. En deux générations le monde entier se rue dans les jets.

L'avion, magique, permet d'atteindre n'importe quel point du globe en quelques heures. Oui, mais dans quel but ? Où se situe la limite entre l'utile et le superflu ? Aujourd'hui encore, on va de plus en plus loin pour de moins en moins cher...

Week-end express à Bali... Dînez à Paris, soupez à Pékin... Le monde à portée de main... Planète libre-service... Au rayon exotisme, la Thaïlande et le Népal sont en réduction. A consommer de suite.

L'avion est un outil merveilleux, mais il a tué le voyage, instauré le règne dictatorial de "l'aller-retour": il est désormais devenu quasi-obligatoire de posséder un billet de sortie pour avoir le droit d'entrer dans un pays.

Certains disent que cet âge d'or du voyage en avion appartient déjà au passé. L'aviation connaît une crise sans précédent et il n'est pas évident que l'on puisse éternellement continuer à utiliser l'avion pour un oui pour un non, "l'avion-tramway", pour reprendre l'expression de Paul Morand. Le président d'Air France, Bernard Attali, déclarait en 1993 :

> « *Le transport aérien traverse actuellement la crise la plus grave de son histoire. Il a perdu, ces trois dernières années, plus d'argent qu'il n'en avait gagné en vingt ans.* ».

Il se pourrait même que dans un proche futur, les tarifs aériens augmentent de façon considérable, ce qui replacerait les voyages en cargos dans une nouvelle perspective.

Qu'est-ce-qu'un voyage en cargo aujourd'hui?

Le voyage en cargo évoque souvent l'image romantique du passager qui paye sa traversée en grattant le pont, ou bien d'une modeste cabine sans hublot ne coûtant presque rien. Ces temps-là sont révolus, heureusement pensent les uns, malheureusement pensent les autres.

Les aménagements des cargos d'aujourd'hui sont, dans leur ensemble, comparables à ceux d'hôtels modernes, et assortis du tout-confort.

Sur la majorité des cargos accueillant des passagers, vous serez logé dans des cabines doubles ou simples possédant leur douche et wc. Elles sont souvent spacieuses, bien situées, munies d'un sabord (grand hublot carré cher au capitaine Haddock), d'une table, de fauteuils, et sur certaines lignes plus luxueuses, d'une vidéo, d'une radio et d'un frigo. Un garçon de cabine est chargé d'assurer votre confort.

A bord, vous trouverez également un salon, une salle pour regarder des films vidéo, un bar, très souvent une petite piscine, parfois un sauna, un gymnase ou une bibliothèque. Vous prendrez vos repas dans la salle à manger des officiers, en leur compagnie, avec les services d'un maître d'hôtel.

Les trois repas, inclus dans le prix du billet, consistent en un petit-déjeuner, un déjeuner et un dîner. Sur certaines lignes, le vin est servi à titre gracieux durant les repas. (La CGM propose même le vin de sa propre cave, mis en bouteille par la compagnie).

On trouve parfois des catégories de cabines plus luxueuses que d'autres, mais il n'existe, à bord des cargos, ni 1è ni 2è classe, ce qui favorise les échanges sociaux et la convivialité. Ainsi tout le monde est "dans le même bateau", cela d'autant plus que les passagers restent en contact constant avec les officiers et qu'ils suivent la marche du navire.

Lorsqu'il s'agit d'un cargo mixte, qui peut transporter jusqu'à 200 passagers (ou plus) vous trouverez alors des aménagements comparables à ceux des paquebots : restaurant, discothèque, boutiques, sauna, bibliothèque, hôpital, ainsi que des animations, fêtes, jeux, tournois.

C'est dire les conditions de luxe dans lesquelles on voyage. Un cargo est non seulement un hôtel flottant, un observatoire privilégié du ciel et de la mer, mais en plus il vous mène en douceur à destination !

C'est pourquoi la question : "Est-ce moins cher que l'avion ?" n'a pas de sens ; on ne passe que quelques heures dans un avion contre plusieurs jours à bord d'un cargo, nourri, logé *et* transporté.

Le prix des billets peut osciller entre 30 et 300 dollars par jour. La moyenne se situe autour de 100 dollars par jour.

Certains cargos sont ultra-chics : intérieurs en bois verni, dîner aux chandelles avec les officiers, tenue de soirée de rigueur et tout un apparat qui rappelle la bonne vieille marine d'antan. Dans les "suites" luxueuses, vous disposez d'une vidéo, d'un frigo, d'un mini-bar, et de vastes sabords avec vue imprenable.

D'autres bateaux sont plus modestes, mais tout aussi robustes, plus sobres mais tout aussi chaleureux, et offrent le même spectacle et la même prestation à moindre prix. Sans oublier les cargos mixtes, qui sont de véritables petits paquebots.

On peut donc estimer que même à 100 dollars par jour, le voyage en cargo demeure une très bonne affaire. En effet, quel est l'hôtel qui offrirait, pour ce prix-là, une chambre tout confort sur la mer, trois repas par jour et, en prime, le voyage lui-même ?

Néanmoins ces cargos sont avant tout des bateaux de travail, dédiés au transport du fret, et il arrive que les horaires de départ et d'arrivée soient modifiés au dernier moment. Cela suppose une certaine souplesse de la part des passagers; dans de rares cas, il faut même accepter que l'itinéraire du bateau puisse varier en cours de route !

Les accros du cargo

Il est frappant de constater à quel point une grande partie de la clientèle voyageant à bord des cargos est constituée de passagers renouvelant l'expérience. Les "accros" du voyage en cargo sont de plus en plus nombreux. Ecoutez le témoignage vibrant de cette dame ayant voyagé sur de nombreux navires et comparant paquebots et cargos :

> *« Les paquebots de luxe ne sont en réalité que des hôtels flottants avec la vie sociale et les routines qui correspondent; je suis sûre qu'ils sont magnifiques, mais leurs passagers ont-ils vraiment eu l'impression d'être en mer ? Le cargo, c'est tout autre chose : être suivi de près par un groupe de dauphins, ou avoir ramassé des poissons volants ayant atterri sur le pont, ou encore avoir vu souffler une baleine... Les passagers des paquebots, eux, n'entendent sûrement pas le doux craquement des poutres tandis que nous dérivons à loisir, ni les marins qui chantent en passant le faubert sur le pont au petit matin ! »*
> (Cité par la Bank Line).

Il est vrai que le pont d'un cargo est beaucoup plus proche de la surface de l'eau que celui d'un paquebot, car avec sa cale pleine de marchandises, la plus grande partie de la coque se trouve immergée. Les cargos ne font qu'exploiter la loi naturelle qui veut que, pour être stable, un navire doit être bien lesté.

Destination cargo

Finis les décalages horaires qui gâchent une partie du séjour. Au rythme quelque peu nonchalant des cargos, les longs voyages se déroulent tout naturellement. Vous arrivez reposé, souvent bronzé. Les fuseaux horaires se traversent doucement et les journées se décalent sans même qu'on s'en rende compte. Sur certains cargos mixtes, le passage de l'Equateur donne encore lieu à des célébrations.

Quant à la ligne du changement de date, qui traverse le Pacifique en son milieu du nord au sud, elle prend, en mer, une toute autre dimension, comme le raconte un passager du COLUMBIA STAR :

> « *On nous dit d'avancer alors nos montres d'une heure et de retarder nos calendriers d'un jour. Ainsi nous allions revivre ce vendredi 20 mars une fois de plus, entièrement. C'est la première fois que j'ai fait l'expérience réelle, incorrompue, du passage de la ligne de changement de date. Par le passé je l'avais toujours vécu en vol et j'avais donc raté son effet réel, qui est alors rallongé ou raccourci de façon drastique par le passage accéléré des fuseaux horaires.* »

Sur un bateau, les barrières sociales ont tendance à tomber. Le seul fait de se retrouver en pleine mer rapproche les êtres.

Un voyageur disait : « A quai, le bateau paraît énorme, une fois en mer, il paraît minuscule. »

Pour le personnel navigant aussi, marins ou officiers, la présence des passagers est un élément stimulant qui vient rompre la routine.

Les journées sont ponctuées par des événements liés à la navigation, mais aussi par les repas, les rencontres, les moments contemplatifs, les escales ou la météo. L'apparition d'une baleine, d'un iceberg ou d'un bateau de pêche au milieu de l'océan suffit à donner un inoubliable relief aux jours qui passent. Moment idéal pour lire, écrire, méditer...

Un voyage en cargo c'est tout cela et bien d'autres choses encore. C'est un but en soi.

En mer, vous serez à la fois ailleurs et nulle part, en dehors des frontières. C'est le dernier espace qui n'appartient encore à personne...

La beauté et l'intérêt du voyage en cargo c'est aussi qu'il vous amène directement au cœur d'une ville, à l'endroit vital : le port, toujours chargé d'histoire, que vous découvrirez avec d'autres yeux, après plusieurs jours de mer.

Le temps est de retour

Tout cela c'est bien beau, direz-vous, mais encore faut-il avoir assez de temps pour pouvoir partir en cargo.

Le temps... éternelle contradiction de notre société : ceux qui ont de l'argent n'ont pas de temps, et vice versa. Peut-être cette époque touche-t-elle à sa fin.

Au lendemain de la guerre il y a eu correspondance historique entre l'ère des congés payés et l'avènement de l'aviation. De toute évidence, lorsqu'on ne dispose que de 15 ou 20 jours de vacances, on cherche à en tirer le maximum, et l'avion semble un moyen instantané de raccourcir l'espace et d'étirer le temps.

Mais la fin du XXè siècle annonce la fin de la société salariale, comme l'écrit, lucide, le sociologue André Gorz. Face à l'absurde marée du chômage, une nouvelle répartition du travail – et donc du temps – semble inéluctable.

Cela signifie, pour les citoyens du XXIè siècle, un nouveau rapport avec le temps, les loisirs, une autre philosophie de l'existence dans laquelle les voyages en bateau s'inscrivent tout naturellement. Un récent sondage sur le bonheur montre que les deux choses dont les gens rêvent en priorité sont d'avoir plus de temps libre et de pouvoir faire des voyages lointains.

Le renouveau des cargos

Lorsque les paquebots ont peu à peu cessé de transporter des passagers sur des lignes régulières pour se consacrer à la croisière, les cargos n'ont, tout d'abord, pas pris le relais.

En effet, les cargos de l'après-guerre emportaient à leur bord des objets de toutes tailles et de toutes formes. Leur chargement était un art délicat qui pouvait demander plusieurs jours, en fonction de la nature de la marchandise et de la main-d'œuvre. Pendant ce temps-là, les autres cargos attendaient leur tour au mouillage. Horaires et itinéraires étaient donc très imprécis. Pas facile, dans ces conditions, de proposer des cabines aux voyageurs.

Entre 1960 et 1980, il ne restait plus que quelques rares compagnies de navigation à proposer des places sur leurs cargos. A cette époque, pour qui cherchait à voyager de cette façon, le tour de la question était fait assez rapidement grâce à la lecture du fameux *ABC Shipping Guide*. (Voir p. 297).

Cette publication, est une espèce de *Chaix* mondial pour les bateaux de passagers, destinée aux agences de voyage. Dans la formule d'alors, on trouvait tous les horaires et les tarifs des ferries, paquebots de croisière et cargos du monde entier.

A partir de ces précieuses indications commençait alors un jeu de piste émaillé d'appels téléphoniques et de lettres en anglais, ce type de voyage étant une spécialité des Anglo-saxons, qui le pratiquent depuis longtemps.

En France, ne restaient plus guère que les éternels bananiers de la CGM (bananes aujourd'hui transportées en conteneurs) entre la Métropole et les Antilles. La ligne Transatlantique fut fermée en 1992; la France n'est plus alors qu'au 27e rang mondial pour sa marine marchande.

Quant à la compagnie polonaise Polish Ocean Lines, qui continuait fidèlement à transporter des passagers entre les années 1970 et 1980, ses bureaux français étaient devenus confidentiels.

On aurait pu croire que le glas de ce mode de voyage avait sonné. Pourtant, vers la fin des années 1980, les compagnies ayant maintenu des services pour les passagers constataient que la demande allait croissant.

Alors, en Grande-Bretagne, en Allemagne, aux Etats-Unis, des agences spécialisées dans le voyage en cargo ont fleuri ou refleuri, publiant des brochures de plus en plus alléchantes. Maintenant, certains voyages sont retenus plusieurs années à l'avance. De nouveaux cargos sont mis en chantier, conçus pour accueillir des passagers. On voit même réapparaître des cargos mixtes flambant neufs, qui semblent indiquer un réel renouveau du voyage maritime.

La révolution des porte-conteneurs

Au cours des années 1980 le nombre de porte-conteneurs s'est multiplié. Certains de ces géants sont nommés "Overpanamax" car ils sont si larges qu'ils ne peuvent même plus passer le canal de Panama !

Avec ce type de transport où tout est normalisé à l'échelon mondial, et grâce aux nouveaux moyens de communication, les cargos peuvent tenir des horaires et des itinéraires beaucoup plus fiables et précis qu'avant, ce qui – incidemment – permet d'offrir des services réguliers à des passagers.

Mais, pour beaucoup de marins, le conteneur a fait perdre quelque chose d'essentiel à la marine marchande, ainsi que le raconte l'écrivain-voyageur Gavin Young dans son récit *Sur toutes les mers du monde*, à bord du CHENGTU, au départ d'Hong Kong:

> *« Alors que le garçon nous sert des steaks, la conversation s'oriente vers un sujet qui, j'en suis venu à l'apprendre, revient à tout instant dans la bouche des gens de mer : la déshumanisation de la vie à bord depuis l'apparition des conteneurs, de l'informatique et des normes de rendement. Désormais les bateaux ne s'attardent plus dans les ports. Les permissions de détente à terre sont réduites au strict minimum. Juste le temps de boire une bière, parfois. Les rotations ne sont plus calculées en jours, mais en heures. »*

Montre-moi ton conteneur, je te dirai qui tu es

Pour l'anthropologue, ces porte-conteneurs qui sillonnent sans cesse le globe représentent une véritable vue en coupe de notre société marchande. A bord de ces cavernes d'Ali Baba flottantes transitent, dans ces millions de boîtes métalliques, un fabuleux bric-à-brac, un troc insoupçonnable.

Des liens inattendus apparaissent alors entre les pays qui s'échangent leurs marchandises respectives. Dans un article du journal *Le Monde*, Philippe Abalan raconte ainsi avec humour son voyage sur le FORT-DESAIX, bananier porte-conteneur de la CGM :

> *« Dans les mille cinq cents "boîtes" empilées sur dix étages, en cale et en pontée, il emporte, vers les Antilles françaises, Fort-de-France puis Pointe-à-Pitre, le savoir-faire iconoclaste des barbares. Sa raison d'être. Un inventaire que ni Bobby Lapointe ni Jacques Prévert n'auraient renié : eaux en bouteilles, luzerne, carreaux de faïence, légumes et fruits d'Occident, oignons, aulx, lard, viande fraîche, chaux éteinte, cartons pliés, bouteilles vides, pièces détachées de voiture, pneumatiques, sel fin, montagnes de sucre blanc et de pommes de terre pour les sodas et les frites qui, peu à peu, écartent jus de fruits naturels et riz créole (récente ouverture à Fort-de-France d'un Mc Donald et d'un Burger King climatisés), queues de porcs, surgelés, glissières de sécurité pour voie rapide en construction, vernis à ongles pour les princesses antillaises, singulière caisse de grenades lacrymogènes (pour dégager l'aéroport ?), éther rectifié, 3 kilos de l'inconnu mais dangereux "lespénéphryle", solvants, résine de polyester, aérosols, déboucheur liquide... »*

Cargos vagabonds

A côté de ces cargos modernes et fonctionnels, parfois précis à la minute près, les “tramps” (de l’anglais “vagabond”) parcourent les océans sans privilégier aucune zone géographique. Ils sont les descendants des anciens “tramp steamers”, tels que les décrit Alvaro Mutis dans *La dernière escale du tramp steamer*, roman envoûtant dont l’ALCYON, vieux cargo rouillé, est le héros :

« Il y avait, dans cette épave vagabonde de la mer, une sorte de témoignage de notre destin sur la terre... En cet instant, une sympathie solidaire et chaude pour le tramp steamer commença à naître en moi. Je trouvai en lui un frère malheureux, une sorte de victime de la négligence et de l’avidité des hommes, auxquelles il répondait par sa volonté obstinée de continuer à tracer sur toutes les mers le terne sillage de ses souffrances. »

Mais les tramps qui acceptent aujourd’hui des voyageurs n’ont plus rien de ces vieux bateaux en bout de course. Ils offrent un vrai confort à l’ancienne qui ravit les amateurs.

Cargos du futur

En 1928, l’écrivain Henri Michaux regrettait de ne pouvoir admirer le monde sous-marin depuis le bateau sur lequel il traversait l’Atlantique, ainsi qu’il le raconte avec humeur dans *Ecuador* :

« BOSKOOP *! grand aveugle qui traverse l’Atlantique ; on serait dans un sac, ce serait pareil. (...)*

« On aura parcouru 4 000 milles et on n’aura rien vu, un peu de houle, une grosse houle, des embruns, quelques vagues

qui déferlent, des paquets d'eau à l'avant, une tempête et même quelques poissons volants; en un mot : rien ! rien !

« Dans moins de cinquante ans tous les bateaux seront munis d'appareils vous mettant en relation avec le milieu marin, qui est sous-marin. »

Mais à dire vrai les projets de cargos futuristes à l'étude aujourd'hui ne se soucient guère de ce qui se trouve sous la surface de la gigantesque voie navigable que représentent les océans. Ils sont plutôt conçus pour la vitesse, tel le "Techno Super Liner", prototype de cargo qui se déplacerait grâce à la propulsion magnétique, sans hélice et serait capable d'atteindre des vitesses de 50 nœuds ! * (Ce qui mettrait New York à une soixantaine d'heures du Havre).

Depuis le début 1990 circulent des porte-conteneurs de type SL7, capables de tenir des moyennes de 33 nœuds sur des traversées transatlantiques ou transpacifiques (ils consomment 625 tonnes de fioul par jour).

De plus en plus de ferries et de bateaux côtiers rapides sont mis en service, conçus sur le principe du catamaran de type "SWATH" (Small Waterplane Area Twin Hull, à plan de flottaison réduit). C'est sur ce modèle futuriste qu'a été construit un luxueux paquebot, le RADISSON DIAMOND.

Pourtant mer et vitesse ne font pas bon ménage. A partir d'une certaine vitesse, l'eau de la mer devient aussi dure que du béton, un béton qui ondule, formant des creux et des bosses inattendus.

La mer impose ses rythmes, qui sont d'ailleurs partie intégrante du plaisir qu'on éprouve en traversée. A quoi bon se

* 1 nœud = 1 852 mètres à l'heure.

trouver à bord d'un bateau si l'on ne peut pas sortir sur le pont admirer l'océan ? Au-delà de 20 nœuds, les mouvements du navire deviennent plus durs et le vent généré par sa propre vitesse, s'ajoutant à la brise de mer, peut rendre les séjours à l'extérieur inconfortables.

Le plaisir d'une traversée réside précisément dans sa durée. Plus rien ne presse. S'installer en mer prend quelque temps. Le jour du départ et le jour de l'arrivée sont à décompter du temps de traversée, comme si la terre était trop proche. Entre les deux, on cesse de compter les jours... A condition que le voyage soit assez long pour cela.

Traverser l'Atlantique en cinq jours sur un paquebot aussi rapide que le QUEEN ELIZABETH II, ou bien passer onze jours à bord du paquebot polonais le STEFAN BATORY voguant à 15 nœuds, (aujourd'hui à quai) entre Tilbury sur la Tamise et Montréal, après avoir contourné Terre-Neuve, remonté paresseusement les Bouches du Saint-Laurent, ce n'est pas tout à fait la même chose.

Et demain ? En combien de temps couvrira-t-on les 3 080 milles qui séparent Le Havre de New York à bord de cargos rapides ? Trois jours ?

Ou bien, au contraire, voguera-t-on tranquillement, silencieusement, sur des paquebots et des cargos ultra-modernes, propulsés par des voiles ?

Éloge de la lenteur

Notre monde nous apprend à aimer et privilégier vitesse et rapidité, comme si nous n'avions qu'une hâte : nous précipiter le plus vite possible vers la fin du voyage.

L'avion nous aveugle, nous illusionne. L'avion est un voleur de temps. Avec lui on arrive avant même d'être parti. Il fait perdre la notion d'espace, triche avec les distances et escamote la vraie beauté du voyage, qui consiste à parcourir le chemin. *« Les touristes ne savent pas où ils sont allés. Les voyageurs ne savent pas où ils vont »* écrit Paul Théroux longeant les îlots du Pacifique à la rame sur son petit kayak pliant. L'ingrédient premier du voyage c'est la lenteur. Le but n'est que chimère. *Slow is beautiful.*

Il faut réapprendre à caresser le corps de la Terre. Retrouver les petits gestes, marcher sur la pointe des pieds pour la réveiller, en éprouver l'étendue. Il faut avoir sué pendant des kilomètres sur ses sentes sinueuses, chaviré sur ses hanches, dormi dans l'herbe de ses cheveux, il faut s'être usé les yeux sur le fil aiguisé de son horizon marin, pour qu'elle vous laisse enfin contempler – un bref instant – la nudité de son corps.

Lenteur, vastitude, distance, ciels, traces, attente, doutes, émerveillements, imprévus, peurs...

Etymologiquement, "voyage" signifie "chemin à parcourir". Mais nous avons confondu la fin et les moyens.

Aujourd'hui le voyage tue le voyage. Le monde est à nous. Les cartes de géographie sont devenues des catalogues, les pays des "produits". Le monde rétrécit. On brade le Sud à bas prix.

L'avion, source de pollution

Sur le plan écologique, la comparaison entre avion et bateau est lourde pour l'avion. Ainsi, on estime qu'un seul vol Paris – New York aller et retour brûle dans l'atmosphère autant d'oxygène que tous les habitants de la ville de Paris pendant une année entière !

Nous faisons une utilisation massive des avions, dont on découvre peu à peu les méfaits : pollution atmosphérique et sonore, vapeurs de kérosène, combustion d'oxygène, impact sur la couche d'ozone, exposition des passagers et du personnel navigant aux rayonnements cosmiques, etc.

Quant à l'impact indirect de l'aviation civile, il n'est pas moindre, car l'avion permet d'aller n'importe où en quelques heures. Finis les bouts du monde, les dernières tribus sauvages, les lagons déserts, la toundra infinie. Un charter nous les offre pour une poignée de dollars. Juste le temps de prendre des photos et d'abandonner derrière nous quelques microbes urbains dans les ultimes enclaves préservées.

Bien sûr l'avion est aussi un outil inestimable qui permet de sauver des vies humaines, d'éteindre des incendies, de réunir des familles, de transporter du courrier, ou, par l'intermédiaire des journalistes, d'être témoin d'événements lointains. Et puis l'avion peut même permettre à ceux dont le temps est trop limité d'essayer le voyage en cargo (l'aller ou le retour se faisant alors par avion).

Mais que l'avion ne nous fasse pas abandonner les autres modes de transport : trains – chaque jour on démantèle des voies ferrées dans le monde – ou bateaux, qui se prêtent si volontiers aux loisirs et aux voyages.

Peu nombreux sont ceux qui prennent un avion de ligne par pur plaisir. Or les deux-tiers des déplacements aériens de passagers ont pour but le tourisme. Mais à quel prix pour la planète ?

> « *L'aviation demeure le mode de transport le plus énergivore. Les émissions totales de l'aviation, réparties par moitié entre aviation civile et aviation militaire, étaient estimées en 1989 à 2 ou 3 millions de tonnes de* NO_x, *à 166 millions de*

tonnes de CO_2 (13% des émissions de gaz carbonique du secteur des transports), et à 223 millions de tonnes de vapeur d'eau, correspondant à la combustion de 212 milliards de litres de kérosène. Il s'agit là de quantités importantes et dont le quart environ, étant donné l'altitude moyenne des vols, est injecté directement dans la stratosphère, entre 9 000 et 12 000 mètres. Là, les polluants peuvent stationner jusqu'à une année et la température de – 30°C ou – 40°C a pour conséquence de rendre visibles les traînées de condensation bien après le passage des avions. Ces traînées, ainsi que les émissions d'oxyde d'azote, agiraient sur l'effet de serre et participeraient à la dégradation de la couche d'ozone. » (*L'Air*, dossier publié par la Société suisse pour la protection de l'environnement, 1993, Georg éditeur).

En quelques années l'hégémonie de l'avion a étouffé le transport maritime de passagers. Après la Seconde Guerre, en 1949, on comptait 1 005 000 passagers sur l'Atlantique Nord : 72% d'entre eux voyageaient encore par mer, mais 28% empruntaient déjà l'avion. Paquebots et cargos mixtes avaient encore quelques derniers beaux jours devant eux, jusqu'aux années difficiles (1970-1980).

Aujourd'hui on peut enfin espérer que ce mouvement va s'inverser et qu'on va remplir les cabines vides des cargos, voire – pourquoi pas ? – rétablir paquebots de ligne et cargos mixtes.

D'autant plus que, contrairement à l'avion, le bateau est proportionnellement peu polluant, ainsi que le constatait en septembre 1991 le rapport de la CEE sur les industries maritimes :

« Les navires consomment moins d'énergie par tonne transportée et sont moins nuisibles pour l'environnement au niveau du bruit et de la pollution atmosphérique que tout autre moyen de transport. »

En ce qui concerne le bruit, on pourrait toutefois objecter que les navires à hélice représentent une vaste pollution sonore sous la surface marine. En effet, le son se répercute trois fois plus vite dans l'eau que dans l'air et il est à craindre que les innombrables ronflements des moteurs de navires, audibles de très loin sous l'eau, aient un impact négatif sur la vie marine, et plus particulièrement sur les baleines qui communiquent parfois à très grande distance les unes des autres.

« Le navire c'est l'homme »

Baleines et dauphins sont là pour nous rappeler, si besoin est, nos racines marines. Le destin de l'humanité passe par la mer.

Notre planète, recouverte d'eau à 71%, est une gigantesque voie navigable, une porte ouverte sur le monde entier. Une seule goutte d'eau mène à tout l'océan. La mer est ronde.

Comme l'exprimait l'un des fondateurs de la géographie politique, Friedrich Ratzel en 1897 :

> « *Il suffit qu'un pays possède une simple sortie sur la mer pour pouvoir atteindre n'importe quel point des côtes du monde. La mer est une voie de communication pouvant conduire, facilement, partout.* »

A la suite des découvreurs, des guerriers, des commerçants, des esclavagistes, d'autres bateaux, chargés de pionniers, ont traversé les océans pour répandre les semailles humaines sur de nouveaux mondes. Du MAYFLOWER au TITANIC, il n'y a qu'une encâblure, allègrement franchie par l'Histoire.

La marchandise première des bateaux aux coques arrondies, maternelles, c'est bien l'homme lui-même : tour à tour explorateur, naufragé, pirate, esclave, puis enfin pionnier...

Le vaisseau, parabole de l'humanité.

Ou, comme l'écrit Victor Hugo : « *Le navire, c'est l'homme.* »

Quelques livres inspirés des voyages en cargo

– Joseph Conrad : *La ligne d'ombre*, *Typhon*, *Fortune*, *Entre terre et mer*, *Lord Jim*, *Jeunesse – Le cœur des ténèbres* (Gallimard)

– Blaise Cendrars : *Bourlinguer* , *Trop c'est trop* , *Du monde entier* (Denoël)

– Malcom Lowry : *Ultramarine* (Gallimard)

– Jack Kerouac : *Le vagabond solitaire* (Gallimard)

– B. Traven : *Le vaisseau des morts (10/18)*

– Roger Vercel : *Remorques* (Albin Michel)

– Nikos Kavvadias : *Le quart* (Climats)

– Edouard Peisson : *Gens de mer (1934)* , *A destination d'Anvers* (1943) (Grasset)

– Pierre Humbourg : *Escales* (Gallimard, 1953) *L'aventure est au bout du quai* (Denoël, 1967)

– Hergé : *Le crabe aux pinces d'or*, *L'Etoile mystérieuse*, *Coke en stock* , *Le trésor de Rackham Le Rouge* , *Au pays de l'or noir* (Casterman)

– Pierre Schœndorffer : *Le crabe tambour* (Grasset)

– Alvaro Mutis : *La dernière escale du tramp steamer* (Grasset)

– Gavin Young : *C'est encore loin la Chine ? (Slow boats to China), Sur toutes les mers du monde (Slow boats home)* (Payot)

– John Mac Phee : *Cargos* (Payot)

– Philippe S. Hadengue : *Petite chronique des gens de la nuit dans un port de l'Atlantique Nord* (Maren Sell)

– Bernard Clavel : *Cargo pour l'enfer* (Albin Michel)

– Henri Queffélec : *Le cargo* (Editions Ouest-France)

Paquebots de ligne ou paquebots de croisière ?

« Après 1900, le trafic des transatlantiques vers l'ouest se mit à croître de façon phénoménale. Au cours des années 1840, il n'y avait eu que 150 000 passagers par an ; après 1905, plus d'un million faisaient le trajet chaque année. On estime qu'entre 1820 et 1920, l'incroyable total de 34 millions de passagers traversèrent l'Atlantique vers l'Amérique, en majorité d'humbles émigrants en quête d'une vie nouvelle dans le Nouveau Monde. »

Ces chiffres méritent d'être rappelés. Dans l'un de ses livres consacrés aux paquebots, *Crossing and Cruising*, l'écrivain américain John Maxtone-Graham évoque ainsi la formidable épopée des paquebots chargés d'émigrants en route pour Ellis Island, comparant les traversées d'hier aux luxueuses croisières d'aujourd'hui.

Hier les paquebots transportaient des pionniers, des réfugiés, des voyageurs en quête d'aventure. Les uns faisaient la traversée dans le luxe des premières classes, les autres s'entassaient au fond des cales, dans des conditions sanitaires parfois déplorables, prêts à tout pour accéder à ce nouveau monde plein de promesses ("America America !") et laisser derrière eux les horreurs des pogroms et autres massacres.

Si ce guide des voyages en cargo existe aujourd'hui, c'est aussi parce que les paquebots ne remplissent plus le rôle pour lequel ils ont été conçus : le transport des passagers d'un point à un autre. Ces bateaux navigant sur des lignes régulières étaient nommés paquebots de ligne.

Peu à peu les paquebots de ligne ont cédé la place aux paquebots de croisière, qui n'ont d'autre destination qu'eux-mêmes. Le cargo est pratiquement devenu le seul moyen de voyager loin par mer.

Il est vrai que cargos et paquebots ont chacun des charmes bien distincts et qu'aujourd'hui, seule l'industrie de la croisière permet de maintenir en état de marche une flotte de paquebots à travers le monde.

Le NORMANDIE : la fin d'un règne

En d'autres temps, les paquebots étaient les ambassadeurs de leur pays d'origine. A ce titre, le NORMANDIE fut le point culminant d'une grande époque et son arrivée au port de New York en 1935 eut un impact énorme. Il fut considéré comme le "chef-d'œuvre de la technique et de l'art français" et l'on a même dit de lui qu'il était le plus beau et le plus élégant paquebot du monde.

Son voyage inaugural fut mémorable, emportant à son bord les personnalités les plus éminentes. Ecrivains et chroniqueurs furent invités à "couvrir" l'évènement. Parmi eux : Colette et Blaise Cendrars alors journaliste de *Paris-Soir*, qui se distingua des autres chroniqueurs, ainsi que le raconte sa fille Miriam :

« Mais tandis que ceux-ci prennent pour thèmes de leurs articles les somptueux salons du palace flottant et la vie bril-

lante qui s'y déroule – dîners habillés, bals, concerts, spectacles, jeux, farniente, célébrités, mondanités – Blaise, qui ne possède toujours pas de smocking, descend dans les soutes et passe les quatre journées, trois heures et quelques minutes de la traversée-record de l'Atlantique avec les 1 320 hommes d'équipage dont personne n'aurait songé à parler, les machinistes, les radiotélégraphistes, tous ceux qui font naviguer le géant des mers – 313 mètres, 79 000 tonneaux, 160 000 CV turbo-électriques et 4 hélices – et grâce auxquels le NORMANDIE *remporte le "Ruban Bleu", pour sa vitesse, son confort, son luxe.* »

Mais le NORMANDIE avait beau traverser l'Atlantique en 3 ou 4 jours seulement, il n'en marquait pas moins la fin d'une époque, comme l'avait d'ailleurs prévu l'un de ses concepteurs, cité par Paul Morand dans ses "Excursions immobiles":

« *Le* NORMANDIE *ne sera jamais remplacé. L'avion de transport lourd aura fait de tels progrès pendant cette guerre que le paquebot ne pourra plus le rattraper, ne cherchera même plus à entamer une bataille désormais perdue .*»

(...)

« *Un tonnage raréfié, des ports pulvérisés, des voies ferrées détruites, tout doit concourir à faire de l'aviation commerciale la reine de l'après-guerre.* »

Visionnaire, Paul Morand sait dès 1944 que l'avion va se banaliser à l'extrême :

« *Il n'en est pas moins vrai que l'avion-tramway, l'avion-taxi, l'avion-train-de-plaisir, l'avion-fin-de-semaine devront tôt ou tard entrer dans nos mœurs.* »

Les passagers des paquebots de ligne ne ressemblaient en rien aux croisiéristes d'aujourd'hui, car ils étaient liés entre eux par les motivations d'un départ, d'une destination. Les passions n'en étaient que plus intenses et bien des destinées se sont nouées sur les paquebots d'antan. Cette époque bénie des longs voyages en mer se reflète dans les romans d'écrivains ayant eux-mêmes sillonné le monde sur des paquebots : Claude Farrère, Edouard Peisson, Blaise Cendrars ou Paul Morand, parmi bien d'autres...

Les derniers transatlantiques

Les derniers paquebots de ligne se sont peu à peu vidés de leurs voyageurs pour se tourner vers les croisiéristes.

Au cours des années 1980, à cause d'un boycott des dockers américains protestant contre l'invasion de l'Afghanistan par l'URSS, le paquebot de ligne ALEKSANDR PUSHKIN ne put accoster à New York. A la suite de cet incident, les Soviétiques cessèrent à leur tour de transporter des passagers sur l'Atlantique Nord.

Il ne resta plus alors sur cette route que deux paquebots bien différents l'un de l'autre : le QUEEN ELIZABETH II, de la Cunard, et le STEFAN BATORY, de la Polish Ocean Lines.

Le QUEEN ELIZABETH II, utilisant la ligne transatlantique comme terrain de croisière, demeurait en 1993 le dernier à perpétuer cette ligne mythique (26 traversées par an, d'avril à décembre). Le prix du billet inclut le trajet de retour en avion, mais il existe également une formule charter aller et retour “Deux traversées pour le prix d'une”, intéressante pour les amateurs de voyages en bateau : elle est proposée à ceux qui veulent séjourner de 1 à 4 mois en Amérique et acceptent de rentrer par ce bateau à des dates imposées.

En outre le QUEEN ELIZABETH II est rapide, donc le plaisir du voyage ne dure *que* cinq jours. Comme sur tous les grands paquebots, les traversées sont agrémentées de conférences, de concerts, représentations données par des danseurs de l'Opéra, et autres réjouissances. Aux cuisines, de grands chefs officient et le vin est servi par de vrais sommeliers.

Le STEFAN BATORY, plus modestement, fut l'un des derniers d'une longue lignée de transatlantiques, un bateau avec toute une histoire, dont on a dit qu'il était "chanceux". Un paquebot à l'ancienne, plein de charme, qui ralliait l'Europe au Canada par les somptueuses Bouches du Saint-Laurent. Ce bateau a succédé au BATORY qui fut d'ailleurs l'un des premiers à proposer des croisières touristiques dès 1953 (vers le Cap Nord).

A la fin des années 1980, le STEFAN BATORY dut interrompre ses traversées, en attente d'éventuelles rénovations ; plus tard il se retrouve amarré à quai en Suède, utilisé comme restaurant flottant. D'autres paquebots sont transformés en hôtels, tel le ENCHANTED ISLE devenu COMMODORE HOTEL à Saint-Pétersbourg, permettant ainsi de pallier le manque d'hébergement dans une ville en plein essor touristique.

Six millions de passagers

Alors que tant d'entreprises affichent la morosité, l'industrie de la croisière n'a jamais été aussi florissante, tout particulièrement aux Etats-Unis qui détenait 80% du marché mondial en 1992 avec 1 500 agences spécialisées dans la croisière et 4,4 millions de passagers pour une seule année. (Contre 665 000 en Europe et 250 000 dans le reste du monde).

En 1993, on comptait environ 200 paquebots de ligne dans le monde. L'industrie de la croisière pesait 39 milliards de francs et le marché était en augmentation constante de 10% par an depuis 1970! Le but avoué étant d'atteindre 8 millions de passagers en l'an 2000.

Les terres émergées ne constituant que 29% du globe, ce sont les deux-tiers de la planète que les paquebots proposent à leur clientèle. Les Caraïbes demeurent la destination la plus exploitée, à portée d'avion des Américains qui raffolent de ces croisières "fun" dans les îles. Ce marché en pleine expansion invente chaque année de nouveaux "produits" pour une clientèle de plus en plus exigeante.

Les paquebots offrent l'accès à des lieux retirés, difficilement exploitables sur le plan touristique. Dans ce cas, c'est un véritable hôtel flottant qui se déplace, comme le fait – entre autres – le OCEAN PRINCESS de la compagnie Paquet. Ce paquebot mouille à Paradise Bay en Antarctique et offre aux touristes une opportunité unique de visiter des lieux sauvages dans des conditions de grand luxe.

Croisières culturelles et nouveaux concepts

Souvent, une croisière est sous-tendue par un "thème" qui s'organise autour des escales. Ainsi "Les Routes de la Civilisation" est un long et coûteux périple de 102 jours proposé par la Royal Viking sur ses luxueux paquebots faisant escale dans les hauts lieux de la civilisation en Asie, en Afrique et en Méditerranée.

Les croisières à thème – spécialité dont la compagnie Paquet se dit l'inventeur avec ses fameuses croisières musicales ou théâtrales – deviennent de plus en plus courantes : "Croisière lyrique", "Visages du monde, reportages", "Opéra opérette", etc.

Il est vrai qu'un bateau en mer est un lieu unique de disponibilité pour écouter des concerts ou des conférences, voir des films, ou même travailler en groupe.

Les croisières peuvent aussi être présentées comme l'espace idéal pour se cultiver et surtout nouer des relations. Dans sa brochure, la compagnie américaine de croisière Crystal Harmony propose d'emblée : « *Le programme de conférences et de séminaires en mer le plus vaste. Ce programme se déroule dans un assortiment de salons du navire : le Club 2100, le salon Galaxy, le Palm Court et le Hollywood Theatre. Les orateurs vont des ambassadeurs de haut-niveau, des diplomates aux grands chefs ou célèbres goûteurs de vin. Le programme propose également des historiens spécialisés dans certaines régions du globe, des écrivains connus, des journalistes de télévision, aussi bien que des stars du cinéma ou des leaders dans le domaine des affaires et de la finance... Il n'est pas inhabituel pour les clients des croisières Crystal de fréquenter quotidiennement les experts les plus remarquables et les plus intellectuellement stimulants du monde.* »

Dans le cas de longues traversées océaniques sans escales, la transatlantique par exemple, on propose des croisières du genre "Sport et santé" ou "Gourmet", comme sur le BERLIN de la compagnie allemande Peter Deilmann.

Les paquebots d'aujourd'hui font la part belle au rêve, ils sont construits comme des hôtels de luxe dignes de la science-fiction : dômes transparents, plateformes flottantes qui se déploient sur la mer aux escales et permettent de pratiquer les sports nautiques, cabines vastes et lumineuses. Tout, à bord, privilégie plaisirs et loisirs : piscines, saunas, cinémas, théâtres, concerts, salles de congrès ou de conférence, casinos, dancings, night-clubs, restaurants, boutiques, pistes de jogging, green pour s'entraîner au golf (!) etc. Pour satisfaire les hommes d'affaire craignant d'être coupés de leurs bureaux, on met à leur disposition des salles équipées de téléphones, fax et ordinateurs fonctionnant par satellite sur système IMMARSAT.

Afin d'attirer une clientèle plus familiale, la compagnie Paquet offre des voyages gratuits aux jeunes de moins de 16 ans accompagnant leurs parents ou grands-parents en période scolaire. Ainsi le MERMOZ dispose-t-il d'un Club Junior avec de nombreuses activités pour les enfants (travaux manuels, jeux, films, spectacles, fêtes).

Il arrive aussi que ces bateaux abritent de très sérieux congrès ou séminaires qui trouvent en mer les conditions optimales pour travailler ; ce sont les "voyages de motivation" ("incentive cruises"), de plus en plus populaires aujourd'hui (26 400 passagers pour l'année 1992 en France).

Ou encore c'est l'occasion pour une entreprise de lancer un nouveau produit, de renforcer ses liens avec des clients, comme cela se pratique en Méditerranée à bord de l'AUSONIA de la compagnie Grimaldi, paquebot qui – comme bien d'autres – possède son propre centre de congrès.

Depuis les années 1980, la France se met à la croisière. Le nombre de passagers a doublé entre 1987 et 1992 et les deux leaders, Costa et Paquet, se sont associés, estimant le marché européen encore sous-exploité. Ce regroupement les plaçait en 1993 au 4ᵉ rang du hit-parade des armements mondiaux pour les paquebots.

Pour séduire de nouvelles clientèles plus exigeantes (en Europe par exemple), des compagnies ont créé le "green concept". Des paquebots "écolos", tels l'étonnant et futuriste RADISSON DIAMOND conçu sur le principe d'un vaste catamaran à flottaison réduite, ou le SOVEREIGN OF THE SEA qui, nous dit-on, ne rejette rien ni dans l'eau ni dans l'atmosphère, recycle ses boîtes de conserve et comporte même un vaste jardin à ciel ouvert !

Enfin, heureux mélange de tradition et de technologie, les paquebots à voile construits en France ces dernières années (CLUB MED I et II, ILES DU PONANT) qui connaissent un succès certain. D'autres sont en projet.

Cela n'empêche pas les armateurs de construire encore d'énormes paquebots : la compagnie américaine Carnival Cruise a commandé à l'Italie un géant de 95 000 tonnes d'un coût de 400 millions de dollars, destiné à accueillir 2 600 passagers.

Utiliser les paquebots comme moyens de transport

On en oublierait qu'à l'origine, les paquebots furent bel et bien conçus pour le transport de passagers, et non pour des vacances de luxe. Leur vocation est à ce point niée qu'une croisière implique généralement un ou deux trajets en avion.

Aujourd'hui il est devenu presque impossible d'utiliser les paquebots comme moyen de transport.

Presque ... Car la règle d'or, lorsqu'on désire voyager de par le monde à bord de différents bateaux, c'est de partir du principe que tant qu'il y a une cabine de libre, il y a de l'espoir !

Rien ne vous empêche de vous renseigner auprès des agents maritimes et portuaires pour savoir s'il reste une cabine disponible à bord du bateau qui vous intéresse, et essayer d'acheter un billet, même sur un paquebot de croisière.

La meilleure illustration de ce système D se trouve dans les deux livres de l'écrivain journaliste anglais Gavin Young racontant avec humour et réalisme son extraordinaire périple autour du monde à bord de tous les bateaux (trente-trois du Pirée à Canton) qu'il réussit à dénicher au fil de sa route, (rafiots rouillés, caboteurs, cargos, paquebots etc.) Le premier tome *Slow boats to China* (1981), est déjà un classique de la littérature maritime. (Titre malencontreusement traduit en français par : *C'est encore loin, la Chine* ?).

Les récits de Gavin Young nous montrent qu'avec de la volonté et de l'inventivité on peut franchir bien des obstacles et trouver des places à bord de bateaux de passage, y compris des paquebots en cours de croisière. Après tout, cela va dans l'intérêt de l'armateur comme dans celui du voyageur. Gavin Young dénicha ainsi une place de Papeete à Callao à bord du paquebot russe PUSHKIN, en croisière autour du monde. C'est de cette façon qu'il se retrouva dans une situation cocasse, seul voyageur (anglais) parmi des centaines de passagers allemands du troisième âge le regardant d'un œil soupçonneux.

L'auteur du présent livre a lui-même vécu ce genre d'expérience, ayant voyagé de Hong Kong à Yokohama, seul voyageur sur un paquebot de croisière occupé par les employés d'une compagnie japonaise en séminaire d'étude sur... le vin.

Croisières de positionnement

Une façon originale de faire une traversée sur un paquebot de croisière, c'est ce que l'on appelle des "croisières de positionnement" ("positioning cruises").

Prenons l'exemple d'un bateau basé en Europe qui effectue un cycle de croisières d'hiver au départ des Caraïbes et un autre, l'été en Méditerranée. Entre les deux saisons, le bateau doit effectuer sa traversée de l'Atlantique pour se rendre d'une zone à l'autre. Cela peut être l'occasion d'utiliser un paquebot comme moyen de transport, car certaines compagnies acceptent de vendre des billets à prix réduit pour ces traversées. Le nombre de passagers dépend alors du nombre de ceux qui connaissent la "combine". Généralement le bateau n'est pas rempli et se contente de naviguer, sans les multiples attractions des croisières, l'ambiance rappelant alors celle des anciens paquebots de ligne.

Autre croisière de positionnement : lorsque le bateau se rend de son port d'attache à sa zone de croisière, ou inversement.

Fred et Marylin, un couple de New Yorkais ayant effectué de nombreuses traversées de l'Atlantique sur des paquebots, ont ainsi eu la chance de faire un inoubliable voyage "de positionnement" en compagnie d'un petit nombre de priviliégiés, à bord du NORWAY, (ex-FRANCE). Après le départ, les passagers ayant eu à subir quelques petits désagréments de plomberie, le capitaine leur accorda en compensation un "bar-ouvert" gratuit pendant toute la traversée !

Mais de telles occasions se font rares : le succès des voyages en bateau est tel que de plus en plus de paquebots commercialisent désormais leurs traversées océaniques comme des croisières plein tarif; elles sont toutefois moins onéreuses que les croisières dans les îles.

La compagnie P&O Cruises proposait en 1993 des croisières transatlantiques d'Europe vers le Canada et la Nouvelle Angleterre à bord du ROYAL PRINCESS et du PACIFIC PRINCESS pour des prix raisonnables (13 nuits, incluant l'avion et l'hôtel, premier prix : 995 £, soit un peu plus que 75 £ par jour, ce qui n'est pas plus cher que certains cargos haut-de-gamme). Sachez encore que si vous désirez effectuer ces croisières-traversées sans utiliser l'aller ou le retour en avion, vous pouvez faire déduire le "crédit-avion" ("air-credit") du prix du billet.

La compagnie Costa, pour sa part, propose des "grandes transats" d'automne et de printemps, au départ de Nice pour Rio ou bien dans l'autre sens (4 voyages par an). A titre d'exemple, le billet à bord du EUGENIO COSTA inclut la combinaison air/mer mais il est également possible d'acheter un billet sans inclure l'avion ("port/port"). Le premier prix pour cette traversée de 15 jours avec escales aux Canaries, en Afrique, au Brésil, est de 7 860 Fr (port/port), soit 524 Fr par jour, ce qui est un prix assez bas (comparable à celui des cargos) pour un tel voyage à bord d'un bateau de cette qualité. Il existe une formule 3è ou 4è couchette pour les groupes de 3 ou 4 personnes, qui permet au 3è ou 4è adulte de ne payer que 5 465 Fr, soit 365 Fr par jour.

Sur les paquebots de luxe, durant la haute-saison, le prix des cabines les moins chères peut osciller entre 250 $ et 600 $ par jour.

Le taux de réinscription parmi les passagers de croisières est le plus haut de toute l'industrie du voyage.

Cargos, paquebots, les bateaux sont toujours bien là : des milliers d'entre eux sillonnent les mers en permanence. La demande pour le voyage en mer ne fait que grandir. Au moins, l'industrie de la croisière permet-elle le maintien d'une flotte de paquebots.

Qui sait, peut-être ces seigneurs des mers retrouveront-ils un jour, au moins partiellement, leur vocation première : le transport de passagers ? L'histoire a parfois de surprenants détours...

Pour les amateurs de paquebots, il existe une association qui publie des bulletins et organise des réunions au Musée de la Marine :

Association des amis des paquebots
Compagnie Générale de Croisière
2 rue Joseph-Sansbœuf
75009 Paris
Tarif de l'inscription : 200 Fr

Les différents types de cargos pour passagers

Au début de la marine marchande, le cargo était par définition une coque dans laquelle on empilait toutes sortes de marchandises hétéroclites, caisses, produits frais, sacs, bois, animaux, matières premières, etc. (En anglais, "cargo" désigne la cargaison et non le bateau lui-même, qui se dit : "freighter").

Pendant la Seconde Guerre mondiale, les sous-marins allemands et japonais causèrent de telles pertes sur les flottes alliées, que les Etats-Unis lancèrent un programme sans précédent de construction de cargos. On les appela les "Liberty ships", véritables "cargos à tout faire" utilisés aussi bien pour les troupes que pour le matériel. Construits à la chaîne, certains de ces cargos furent assemblés en moins d'une semaine ! En trois années d'activité frénétique sur les chantiers navals américains, pas moins de 2700 Liberty ships furent construits...

Après la guerre, ces cargos polyvalents furent redistribués aux pays meurtris par le conflit et jouèrent un rôle clef dans la reconstruction de l'Europe, constituant d'emblée une formidable flotte de marine marchande qui servit aussi bien au fret qu'aux passagers. (Voir à ce sujet le livre abondamment documenté et illustré de Jean-Yves Brouard : *Les Liberty ships*, Glénat, 1993).

Mais aujourd'hui, les cargos polyvalents se font rares : les navires se spécialisent de plus en plus et sont conçus pour un type de marchandise précis.

Les porte-conteneurs

Le conteneur est un grand caisson métallique de 6 à 12 mètres de long, haut de 2,44 mètres. Ses dimensions sont normalisées à l'échelon mondial. Ainsi les conteneurs de tous pays peuvent parfaitement s'empiler les uns sur les autres et contiennent aussi bien des objets "secs" que du liquide (conteneurs citernes) ou des denrées réfrigérées (conteneurs équipés de leur propre système de réfrigération avec générateur intégré). Toute la chaîne de transport est entièrement conçue pour eux, identique dans le monde entier, assurant une efficacité maximum "porte-à-porte" avec un minimum de manipulation : la grue (le "portainer"), le camion, le train.

En 1992, on comptait 4,4 millions de ces boîtes en circulation.

De par leur régularité horaire, les porte-conteneurs sont souvent proposés aux passagers. Ce sont des bateaux parfois gigantesques et chers à construire; pour cette raison ils appartiennent généralement à un consortium de compagnies maritimes pas toujours de même nationalité mais ayant des intérêts communs.

Dans son livre *Cargos*, l'écrivain John Mac Phee raconte un voyage à bord d'un porte-conteneurs de la compagnie américaine Lykes. Arrivé à Valparaiso, il fait un inventaire surréaliste des marchandises transportées par conteneurs :

« Nous avons un conteneur d'emballages de peau synthétique pour saucisson, des filtres à eau, des pièces détachées de voiture et un autre conteneur de pièces détachées pour ascenceurs, pour machines à papier, pour avions, des néons, des soupapes, des films plastique, des catalyseurs ; 6,5 tonnes de semence de tournesol, 12,5 tonnes de semence de luzerne, 364 caisses de seringues hypodermiques chargées en Colombie, 116 tonnes d'acier laminé et 9 tonnes de fil de cuivre (alors que nous nous trouvions au Chili !) ; 1,5 tonne de distributeurs automatiques de billets, 43 tonnes de vêtements usagés, une grue modèle 1 080 et une pompe à incendie, entre autres choses.

« Nous avons embarqué 3 000 caisses de vin, 2 tonnes de chemises à manches courtes, 175 kilos de colle de poisson chilienne et 113 000 livres de sucre ; 817 bureaux et 817 chaises, 95 cartons de parapluies (à destination de Los Angeles), 7 000 pneus rechapés (pour la Nouvelle-Orléans), 6 480 cuvettes de wc (Chicago). Nous embarquons 9 tonnes de cocktails de jus de fruits, 63 tonnes de brisures de pêches, 67 tonnes de raisins, 230 000 gallons de jus de pomme concentré, 400 000 citrons frais, 400 000 oignons frais, 500 000 pommes fraîches, puis, enfin, nous avons appareillé. »

Mais le plus souvent les hommes de mer ignorent le contenu des conteneurs qui ne sont, à leurs yeux, qu'une marchandise anonyme dont le chargement est calculé à l'avance par ordinateur.

Les rouliers ou ro-ros

Les rouliers ont un pont principal très bas sur l'eau qui leur permet d'embarquer du fret par simple roulage, c'est pourquoi on les appelle “roll on, roll off” en anglais, d'où leur surnom de “ro-ros”.

Les plus répandus sont les ferries, qui chargent véhicules et passagers sur des rampes spécialement aménagées pour eux sur les quais.

Le ro-ro de fret classique charge des conteneurs par roulage, au moyen de véhicules motorisés. L'avantage de ce type de navire est qu'il peut travailler dans des ports qui ne sont pas équipés pour les conteneurs (portiques, grue spéciale) ; il lui suffit d'arriver le long d'un quai, de poser sa propre rampe et il peut ainsi travailler de façon autonome et rapide.

Le type ro-ro transport de voitures embarque un très grand nombre de véhicules sur de multiples ponts, ce qui lui donne un peu l'aspect, pas toujours très esthétique, d'un immeuble flottant.

Les ro-ros sont généralement utilisés sur des distances limitées, en Méditerranée ou en Mer du Nord, par exemple. Mais il en existe aussi conçus pour la navigation au long-cours, tels que les grands rouliers de la compagnie italienne Grimaldi, véritables cargos mixtes qui assurent le transport de voitures neuves et de passagers entre la Méditerranée, l'Afrique de l'Ouest et le Brésil.

Les cargos réfrigérés de type “bananiers”

Ce sont des cargos spécialisés dans le transport des produits frais (fruits, viandes, poissons, laitages), principalement entre l’Europe et les Caraïbes. Ils sont généralement élégants et rapides, capables de naviguer à plus de 20 nœuds, et peints en blanc, dans la tradition des bananiers. Il n’est pas rare, sur ces cargos “haut-de-gamme”, que chaque membre d’équipage ait sa propre cabine. Les aménagements proposés aux passagers sont pour la plupart luxueux.

Les fruits sont transportés dans des compartiments réfrigérés, dont la température va de -30° à +12°, selon les nécessités.

Les vraquiers

Ce sont des bateaux conçus pour transporter des marchandises non conditionnées, en vrac solide ou liquide. Le vrac solide c’est, par exemple, le minerai de fer, le charbon, les céréales, les phosphates, le sel, etc. Le vrac liquide, c’est bien sûr le pétrole, mais aussi le bitume, le kérosène, le gaz liquide, l’ammoniaque, etc.

Bien entendu, les vraquiers transportant des matières dangereuses telles que gaz, pétrole ou produits chimiques, ne prennent pas de passagers.

Les tramps

Les tramps (de l'anglais "vagabond"), ne suivent pas de route régulière, car leur itinéraire dépend des exigences du fret. Leur destination peut également varier en cours de route.

Dès que le tramp accepte un contrat, il fait connaître son itinéraire, parfois deux mois à l'avance, parfois au dernier moment, ce qui suppose, de la part du passager, une grande disponibilité.

Ces cargos offrent le même genre de confort que les autres à des prix moindres.

Les cargos mixtes

Autrefois les paquebots mixtes transportaient passagers, courrier et fret sur des lignes régulières. Puis, s'adaptant à la demande, ce fut au tour des cargos de devenir "mixtes", faisant un peu de place à leur bord pour les passagers.

Les cargos mixtes sont le meilleur compromis entre cargos et paquebots. Ils permettent à plus de 12 passagers de voyager à leur bord, ce qui implique la présence d'un médecin. Des navires de ce type ont été récemment mis en opération, tels que le SAINT HELENA (entre la Grande-Bretagne et l'Atlantique Sud), le luxueux AMERICANA (entre la côte Est des Etats-Unis et le Brésil, l'Argentine), le KANANGA (entre l'Europe et le Zaïre) ou la série des REPUBBLICA (entre la Méditerranée et le Brésil).

Les ferries

Comme pour mieux montrer le renouveau du voyage maritime fort, on voit apparaître une nouvelle génération de ferry-boats qui ressemblent de plus en plus à des paquebots. Ainsi l'ancien ferry de luxe OLYMPIA, devenu PRIDE OF BILBAO, a-t-il été affrété par P&O pour effectuer deux rotations par semaine entre la Grande-Bretagne et l'Espagne (Portsmouth – Bilbao). A la belle saison, ce trajet de 28 heures est très populaire : il permet aux Britanniques désirant rallier directement l'Espagne ou le Portugal, d'éviter la traversée de la France en voiture. (Cet itinéraire est également proposé deux fois par semaine sur les ferries de Britanny Ferries, entre Plymouth et Santander). Ce ferry, d'une capacité de 2 500 passagers et 600 voitures est le plus gros ferry d'Europe (37 500 tonnes), il comprend des saunas, une piscine, une boutique duty-free, un night-club et un casino. Hors saison, ce bateau rallie Portsmouth à Cherbourg.

Mais le plus gros ferry du monde a été mis en circulation entre Helsinki (Finlande) et Stockholm (Suède). C'est le SILJA EUROPA, un luxueux bateau permettant d'accueillir 3013 passagers (pour 1 194 cabines). Les cabines sont équipées d'un téléphone et d'une télévision couleur. A bord on trouve sept restaurants, un théâtre ("Le Moulin Rouge") de 564 places, un supermarché de 1 000 m^2 et même – Ô décadence – le premier Mac Donald flottant !

Cargos mode d'emploi

Introduction au guide pratique

Avant de vous lancer fiévreusement dans la liste des destinations de rêve présentées dans ce guide, familiarisez-vous avec quelques notions propres à ce mode de voyage.

Certaines compagnies de navigation transportent des passagers dans une seule région du globe (comme The Geest Line dans les Caraïbes, la CGM vers les Antilles, Bank Line dans le Pacifique Sud ou Safmarine vers l'Afrique du Sud, etc.) ; d'autres proposent des cargos sur toutes les mers du globe ; enfin il y a celles dont les navires accomplissent sans arrêt des tours du monde (comme ABC Containerline ou NSB).

Agences et compagnies prennent toujours grand soin de prévenir les voyageurs des fluctuations possibles dans les horaires et les itinéraires. C'est leur façon de se protéger des réclamations, mais cela ne signifie pas pour autant que tout voyage en cargo est sujet à de telles variations. Certains voyages se déroulent au contraire comme prévu, à la minute près.

A titre d'exemple, voici les premières lignes d'un contrat de voyage type entre un passager et une compagnie de navigation :

« Les navires de la Bank Line sont des bateaux de travail et leur fonction première est de transporter de la marchandise. Leurs dates et ports de départ, les escales et la durée des tra-

versées peuvent en conséquence être sujets à de grandes variations, pas seulement avant le voyage, mais aussi en route. »

Sur toutes les brochures concernant les cargos pour passagers, vous retrouverez immanquablement la formule : « *Routes & fares are subject to change* » (L'itinéraire et les tarifs sont sujets à des changements.)

Même les bateaux indiqués peuvent être remplacés par d'autres au dernier moment. Il arrive d'ailleurs – plus souvent qu'on ne pourrait le croire – que des navires changent de mains et soient rachetés par d'autres compagnies.

Pour aller d'un port à l'autre

Par mer, il existe de multiples façons d'aller d'un point A à un point B, comme le montre l'exemple suivant, proposant quatre routes différentes pour rallier Rotterdam à Colombo :

Exemple : 4 façons d'aller de Rotterdam à Colombo.

1. Un premier bateau passera par la France avant de descendre vers l'Afrique de l'Ouest, l'Afrique du Sud, puis de mettre le cap sur Sri Lanka.

Rotterdam – Le Havre : 250 milles. Le Havre – Accra (*Ghana*) 3825 milles. Accra – Le Cap : 2592 milles. Le Cap – Colombo : 4395 milles.

Total : 11 062 milles. Soit environ **28 jours** de navigation sans compter les escales.

2. Un deuxième bateau choisira de passer par Gibraltar, le Canal de Suez, la Mer Rouge, la Mer d'Oman, avec des escales en Grèce, Arabie Saoudite, dans le Golfe Persique et au Pakistan.

Rotterdam – Le Pirée : 2 887 milles. Le Pirée – Djedda : 1 320 milles. Djedda – Bahrein : 2 428 milles. Bahrein – Karachi : 922 milles. Karachi – Colombo : 1 341 milles. **Total : 8 898 milles.** Soit environ **25 jours** de navigation sans compter les escales.

3. Un troisième bateau, sur une "route tour du monde" dans le sens est-ouest, choisira quant à lui de rallier Colombo en traversant l'Atlantique, en passant par les Etats-Unis, Panama, le Pacifique Sud, l'Australie et Singapour. Ensuite ce même bateau finira son tour du monde et rentrera en Europe par le canal de Suez.

Rotterdam – New Orleans : 4 880 milles. New Orleans – Auckland : 7 945 milles. Auckland – Sydney : 1 275 milles. Sydney – Singapour : 4 275 milles. Singapour – Colombo : 1 565 milles. **Total : 18 375 milles.** Soit environ **51 jours** de navigation sans compter les escales.

4. Un dernier bateau, enfin, pourra choisir de mettre le cap directement sur Colombo sans escale par la route la plus courte (Canal de Suez).

Rotterdam – Colombo : 6 785 milles. Soit environ **19 jours** de navigation.

Tout ceci pour mieux vous faire saisir qu'une indication telle que : "Rotterdam – Colombo" ne signifie pas grand chose sans le détail des escales, qui déterminent le trajet, la longueur du voyage et, par conséquent, le prix du billet.

C'est pourquoi il faut considérer ce prix *par jour*, et non en fonction de la distance directe entre Rotterdam et Colombo.

Voyage circulaire ou aller simple?

La plupart des bateaux partent d'un port d'attache, parcourent un itinéraire et reviennent à leur port d'attache. C'est un voyage en boucle, appelé "voyage circulaire" ("round trip").

De toute évidence il est plus rentable pour une compagnie ou une agence de vendre des voyages circulaires comme une croisière. C'est pourquoi la priorité est donnée aux passagers des voyages circulaires, qui ne cherchent pas forcément à visiter des pays lointains mais désirent surtout partir plusieurs semaines à bord d'un cargo ; ceux pour qui le but ultime du voyage est devenu le bateau lui-même.

Mais un nombre grandissant de voyageurs souhaite n'effectuer qu'une partie d'un voyage circulaire, utilisant ainsi réellement le cargo comme moyen de transport et non comme alternative à la croisière.

A noter, pour les flâneurs invétérés, les adeptes de l'aller-simple, que beaucoup de pays exigent désormais un billet – d'avion ou de bateau – de sortie du territoire avant de laisser entrer un voyageur. Cela vous oblige à organiser un tant soit peu votre retour. Mais sachez que cela ne signifie pas nécessairement retour à votre pays d'origine : il peut aussi s'agir d'un billet de sortie du territoire *vers un pays voisin* de celui dans lequel vous voyagez.

Vous trouverez également des services d'immigration qui accepteront de vous délivrer un visa d'entrée à condition que vous puissiez leur garantir une somme d'argent équivalant au prix du billet de retour sur un compte bloqué.

Les escales

Par le passé, les cargos traditionnels pouvaient demeurer des jours ou des semaines au port, en attente d'une place à quai, de la main-d'œuvre, ou de la marchandise.

Aujourd'hui les escales peuvent ne durer que quelques heures, comme c'est parfois le cas avec les porte-conteneurs et les rouliers. Toute la chaîne de transport est conçue pour le chargement et le déchargement rapide des conteneurs. Il arrive qu'un porte-conteneur ne reste à quai que 6 à 24 heures, mais parfois 3 jours, selon le pays.

A l'opposé, on trouve des vraquiers, comme les tramps de la compagnie Mineral Shipping, qui restent jusqu'à une semaine au port, ce qui permet alors de véritables excursions à terre.

Lorsque vous projetez d'embarquer à bord d'un cargo assurant une ligne régulière, vous pouvez essayer de programmer votre voyage pour rester à terre pendant la durée d'une rotation et repartir avec le bateau suivant, de façon à mieux profiter d'une escale.

La durée même des escales est susceptible de changements de dernière minute, comme en témoigne le récit d'un voyageur américain, Keith Comly, arrivé un mardi avec sa femme Jean sur le porte-conteneur COLUMBIA STAR au port de Botany Bay, Sydney, Australie :

« Le capitaine nous annonça que notre départ était prévu pour jeudi à 23:00 heures. Il nous avait néanmoins prévenu de possibles contretemps. Il faut toujours garder à l'esprit que les priorités du bateau sont d'abord la marchandise, ensuite les passagers...

« Jeudi matin, il nous fut rappelé que notre départ était toujours programmé pour 22:00 heures et que nous devions être de retour à bord avant 21:00 heures. (...)

« De retour au bateau à 17:00 heures, nous apprîmes que le départ était reporté le lendemain matin à 6:00 heures. La plupart d'entre nous allèrent se coucher tôt pour être sur le pont à l'heure de notre appareillage matinal. Malheureusement, à notre réveil, on nous dit que notre E.T.D. (Temps de Départ Estimé) était retardé de quatre heures de plus. Normalement on pourrait penser que ces retards étaient frustrants. Et pourtant ils ajoutaient de l'intérêt à nos journées. Après tout, nous n'étions absolument pas pressés d'aller où que ce soit et il est toujours très intéressant d'observer les opérations de chargement. »

Improviser ou prévoir ?

Il y a des voyages en cargo qui peuvent se prévoir plusieurs mois à l'avance et d'autres qui s'improvisent au dernier moment. Avec les indications de ce guide, vous serez en mesure de faire les deux.

Si vous tentez de partir en cargo sans avoir eu le temps de préparer votre voyage, renseignez-vous auprès des grandes compagnies de navigation ayant de nombreux navires en circulation sur le globe, telles que Polish Ocean Lines, Egon

Oldendorff, Mediterranean Shipping Company, Blue Star, ou auprès des agences spécialisées (groupées dans ce guide à la suite des compagnies de navigation) qui seront en mesure de vous indiquer les positions des navires.

En tout état de cause, il vous sera conseillé de rester disponible 3 ou 4 semaines avant le départ. Et même lorsque vous aurez votre billet en main, il sera prudent de rappeler l'agent ou la compagnie 3 jours avant le départ pour vérifier que l'horaire est bien maintenu.

Le prix du voyage et l'argent à bord

Les prix des billets peuvent également subir des modifications, à la hausse, mais aussi à la baisse. Il arrive que des compagnies proposent des tarifs "haute-saison" et "basse-saison". Parfois vous pourrez bénéficier de tarifs réduits si vous embarquez au dernier moment.

Les taxes de port ne sont pas toujours comprises dans le prix du billet ; ces taxes peuvent varier entre 40 $ et 90 $ par voyage et par personne.

Certaines compagnies et agences exigent aussi des passagers qu'ils s'acquittent d'une "assurance-déviation" qui les couvre si le bateau devait se détourner de sa route pour les débarquer en cas de maladie grave. Son prix peut varier entre 80 $ et 140 $.

Le prix du billet inclut les repas – petit-déjeuner, déjeuner, goûter, dîner et parfois les boissons pendant les repas – ainsi que l'accès à tous les aménagements pour passagers.

A bord, les seules choses que vous pourrez acheter sont les boissons, les cigarettes, généralement hors taxe, et quelques bibelots de la boutique du bord, payables en dollars ou dans la monnaie correspondant à la nationalité du bateau.

Les éventuels pourboires pour les services de cabine, de restauration ou de bar sont laissés à votre appréciation.

Vous trouverez sur tous les bateaux de passagers un commissaire du bord ("purser"), responsable des formalités et de la caisse du bord. Vous pouvez également vous adresser à lui pour envoyer du courrier aux escales.

Pensez à vous munir des monnaies locales en fonction de vos escales prévues, car vous n'aurez pas toujours la possibilité de changer d'argent à bord.

L'âge du passager

Age minimum ou maximum, là encore, la politique varie en fonction des compagnies ou des bateaux. Les cargos mixtes ne donnent souvent aucune limite d'âge car un médecin se trouve à bord. Sur d'autres cargos il faudra avoir plus de 5 ans – comme sur les bananiers de la CGM – ou même, mais c'est une exception, plus de 18 ans, sur les bateaux de la compagnie Harrison Line.

La limite supérieure oscille autour de 80 ans. Certaines compagnies acceptent les enfants de tous âges et leur accordent même des réductions substantielles.

Un certificat de bonne santé est parfois demandé aux passagers (presque toujours obligatoire pour ceux de plus de 65 ans).

Agences et compagnies

Pour acheter votre billet, il vous faudra soit contacter directement une compagnie, soit passer par une agence.

Les agences spécialisées existent en Grande-Bretagne, en Allemagne, aux Etats-Unis et au Canada. Les plus importantes représentent généralement 20 à 30 compagnies et proposent dans leurs brochures une soixantaine de voyages par an. C'est le cas de "Strand Cruise Centre" à Londres, "Hamburg-Süd" ou "Margis" en Allemagne, "Freighter World Cruises" en Californie (qui publie sa propre newsletter deux fois par mois) ou "Freighter Cruise Service" à Montréal.

La plupart de ces agences offrent en outre les services classiques d'une agence de voyage et notamment des billets combinés cargos/avion, des assurances et même des excursions à terre. En France, de telles agences n'existent pas encore, mais on peut toutefois s'adresser au "Cargo Club" à Paris qui, faute de délivrer des billets, se propose de relayer les informations.

D'autres agences spécialisées plus modestes, telles que "Gill's" à Cardiff (Grande-Bretagne), ou "Frachtschiff-Touristik" à Maasholm (Allemagne), se contentent de rester le plus à jour possible avec les compagnies qu'elles représentent. Les clients leur téléphonent, demandent conseil et, éventuellement, leur achètent le billet.

A bord d'un cargo

Les cabines

Les cabines offertes aux passagers ont, pour la plupart, les mêmes caractéristiques que les cabines d'officiers. Elles sont donc bien situées, claires, spacieuses et aussi confortables qu'une bonne chambre d'hôtel. Un garçon de cabine en assure l'entretien.

La plupart des cabines possèdent un sabord sur la mer (grand hublot carré) et sont situées au milieu des aménagements du bateau, loin du bruit des moteurs. On y trouve fauteuils, table, chaise, lits, presque toujours des douches/wc privés, parfois un frigo et une vidéo.

La nourriture

Comme le dit Bernard Moitessier, un fameux navigateur : *"La tambouille c'est le nerf de la guerre"* et plus d'une mauvaise cambuse a provoqué des mutineries. Sur un bateau, la nourriture est encore plus cruciale qu'à terre. Les repas sont le moment de détente et de convivialité par excellence, une occasion privilégiée de parler avec les officiers, d'écouter leurs récits maritimes.

A bord d'un cargo, vous aurez les plaisirs d'un restaurant, vous serez nourri à volonté et cela sans même avoir à vous soucier de l'addition. L'air du large, ça creuse, et les maîtres coqs s'assurent toujours que personne ne reste sur sa faim !

Dans un petit guide ancien sur le voyage en cargo, *Tramp Steamers, a budget guide to ocean travel*, la journaliste américaine Meme Black donnait son avis sur les salles à manger et la nourriture :

« Qu'en est-il des salles à manger ? De la nourriture ? Chaleureuses, modernes et confortables, les salles à manger sont situées sur le pont supérieur pour offrir le maximum de lumière et de vue. En ce qui concerne la nourriture, elle est notoirement délicieuse, avec des produits frais confectionnés à bord, des viandes succulentes et des menus qui vont de la cuisine nationale du cargo jusqu'aux traditionnelles potées. »

Si vous suivez un régime particulier (sans sel, végétarien etc.) renseignez-vous : la plupart des compagnies essaieront de s'adapter à vos besoins, à condition que vous les ayez prévenues plusieurs semaines à l'avance.

Les équipages

L'un des charmes du voyage en cargo c'est que, dès les premiers pas à bord, vous êtes déjà transporté ailleurs, un ailleurs teinté par la nationalité des officiers et des marins. Celle-ci se reflète aussi bien dans la langue parlée que dans la nourriture, les horaires des repas et les coutumes.

Il arrive de plus en plus fréquemment qu'officiers et marins à bord d'un même bateau soient originaires de nationalités différentes. Officiers anglais, allemands, américains, polonais, italiens, grecs... Matelots indiens, birmans, malais, philippins, indonésiens, kenyans, acceptant les bas salaires, comme cela se pratique grâce aux pavillons de complaisance qui permettent des coûts d'exploitation deux fois moins chers qu'en France.

Mais ces pavillons ne garantissent pas toujours le respect de la sécurité, de la protection de l'environnement ou des droits de l'homme. Il est arrivé que certains pavillons de complaisance abritent des réalités peu reluisantes : marins maltraités, dégazages sauvages, passagers clandestins dépouillés et jetés par-dessus bord, marées noires, trafic d'armes ou de matières interdites... (Les deux plus grandes flottes de commerce du monde sont celles du Libéria et de Panama).

Sur certains bateaux, on peut trouver jusqu'à six nationalités différentes, représentées par le pays de construction, le pavillon, la nationalité de l'armateur, le port d'attache, les officiers et enfin les marins !

En France les charges sociales de l'armement sont telles que le simple fait d'engager un garçon de cabine permettant d'accueillir des passagers sur un cargo semble suffire à faire reculer les armateurs. Alourdi par les charges et le carcan syndical, le pavillon français est devenu l'un des plus chers du monde à maintenir à flot. Néanmoins, pour bénéficier de règles plus souples, les Français peuvent, depuis 1987, immatriculer leurs cargos aux îles Kerguelen.

Avec les nouveaux systèmes de navigation, de communication et de détection, les équipages se trouvent de plus en plus réduits, même sur de très gros bateaux. La conséquence pour les passagers, c'est que certains bateaux sont maintenant construits avec le minimum de cabines. Il ne reste plus alors de libre que la traditionnelle cabine de l'armateur... Mais sur d'autres bateaux, au contraire, ces réductions d'équipage se sont traduites par des cabines devenues disponibles pour les passagers.

Les passagers

L'organisme international qui régit la sécurité maritime s'appelle OMI (Organisation Maritime Internationale) et siège à Londres. En ce qui concerne les cargos, son règlement stipule qu'au-delà de 12 passagers – chiffre purement arbitraire – un médecin est obligatoire à bord. C'est ce qui explique ce chiffre butoir de 12 passagers que l'on retrouve pour les voyages en cargo (sauf pour les cargos mixtes).

Mais ces voyageurs ayant choisi de voyager à bord de cargos, qui sont-ils ? Lorsqu'on pose la question à la responsable du département passagers de la Mediterranean Shipping Company à Genève, elle répond :

« Notre clientèle est composée de personnes disposées à voyager autrement, à un rythme plus humain. Il s'agit de personnes ne supportant pas l'avion, de jeunes aventuriers décidés à ne pas perdre une occasion de découvrir port après port le continent vers lequel ils se dirigent et également de personnes retraitées pour lesquelles le voyage lui-même est une aventure. »

On pourrait sans doute ajouter à cette description : des anciens de la "mar-mar" (marine marchande), des marins dans l'âme, des artistes en quête d'une inspiration différente, des écrivains à la recherche d'un espace hors du temps pour écrire, des musiciens à l'écoute d'un autre silence... Sans compter ceux qui profitent des cales du cargo pour déménager avec leurs meubles, ceux qui emportent leur voiture, leur camping-car, leur moto ou leur animal domestique. Et puis tous ceux qui ont décidé de prendre le temps de vivre, et bien d'autres encore, inclassables, nostalgiques, amoureux de la mer et des bateaux.

L'anglais : langue des cargos

Symbole d'une prospérité économique issue des transports maritimes, l'anglais est la langue universelle des marins et des compagnies de navigation.

Les bagages

Tous les cargos offrent une franchise assez importante sur les bagages (souvent 150 kg par personne). L'excédent est transporté aux mêmes conditions que le reste du fret. (La Polish Ocean Lines, par exemple, propose un prix de 1,50 $ par kilo supplémentaire).

Si vous emportez des bagages encombrants qui nécessitent un porteur, vous devez impérativement contacter les agents du port au minimum un jour avant le départ.

Certains bateaux acceptent voitures, minibus et deux roues.

Vêtements

Quelle que soit la latitude, vous risquez, un jour ou l'autre, d'être surpris par la fraîcheur marine. Au vent de la mer il faut parfois ajouter celui produit par la vitesse du bateau. Ayez toujours un vêtement chaud, une veste imperméable ou un coupe-vent.

Pour les femmes, les chaussures sans talons sont de rigueur.

On peut s'habiller décontracté sur les cargos, mais les repas sont des moments parfois plus formels, pris en compagnie d'officiers qui sont, par définition, en uniforme. C'est pourquoi il est souhaitable d'avoir quelques vêtements plus chics pour ce genre d'occasions. Il existe même des cargos à l'ancienne, tel l'ARGENTINA STAR, où l'on demande aux hommes de porter veste et cravate pour certains dîners.

Enfin, n'hésitez pas à glisser une paire de jumelles dans votre valise, c'est l'occasion rêvée de les utiliser pour mieux scruter l'horizon, observer les autres bateaux, les animaux marins, et bien sûr, la terre, qui s'éloigne ou se rapproche...

Evitez les trop forts grossissements qui rendent la vision floue à cause des mouvements du bateau, et ne passez pas des heures à regarder dans les jumelles, cela pourrait vous donner le mal de mer !

Le mal de mer

Certains ne l'éprouvent jamais, d'autres en souffrent de façon chronique – y compris certains marins – et quelques-uns, enfin, ne le ressentent qu'en de rares occasions. Le plus souvent, le malaise du premier jour de navigation se dissipe au fil de la traversée ; l'organisme s'amarine et s'adapte aux mouvements du navire.

Le mal de mer s'annonce par de petits signes, lassitude, bâillements, suées, malaise. L'anxiété est un facteur aggravant. Rien de tel que la peur du mal de mer pour risquer de le provoquer !

Le mal de mer pourrait être en partie causé par un déséquilibre des données entre l'oreille interne et la vision.

C'est donc presque toujours une bonne idée de sortir au grand air lorsqu'on le sent monter, d'être actif, de retrouver le repère de l'horizon. Par contre, on évitera de se confiner dans sa cabine, de lire, de fixer la vague d'étrave ou le sillage du navire.

Dans *Le Quart*, Nikos Kavvadias raconte comment il réussit à donner le mal de mer à un vieux montagnard qui voyait la mer pour la première fois, seul passager à n'être pas malade sur un cargo en pleine tempête, devant les côtes de Grèce :

> *« J'ai parié avec le commissaire que je ferais avoir la nausée au vieux. Plus le bateau remuait, plus il mangeait.*
>
> *– Dis-moi, grand-père, c'est la montagne qui remue, ou c'est l'eau ?*
>
> *Il est resté longtemps à regarder alternativement la terre et la mer. Finalement il a vomi.. »*

Dormir est aussi un moyen de le surmonter. Les médicaments traditionnels sont à déconseiller sauf cas aigus, dans la mesure où ils entraînent des effets secondaires néfastes.

Les Chinois travaillent, paraît-il, sur un remède à base de gingembre. On peut toujours en embarquer une racine dans sa poche et la grignoter de temps en temps !

Et puis, comme disait un ami marin, en mer il faut parfois savoir vomir, tout simplement, sans stress, en ayant conscience que le corps nous rend service et qu'on se sentira bien mieux après.

A noter que les cargos sont plus stables que les paquebots, dans la mesure où la majeure partie de leur coque, chargée de marchandise, est immergée. Mais une grande stabilité génère aussi des mouvements de rappel plus violents en cas de roulis prononcé.

Un paquebot, plus haut sur l'eau, offre une grande prise au vent ; son centre de gravité étant situé plus haut, il est également davantage sujet au roulis et au tangage. Mais la plupart de ces bateaux pour passagers sont équipés de systèmes stabilisateurs qui limitent efficacement le roulis.

La vie à bord

Un voyage en mer c'est un voyage hors du temps.

Sur terre, les gens se plaignent toujours de ne pas avoir le temps. En mer nous perdons nos repères; parenthèse en mouvement, ponctuée par les repas pris avec les officiers, au rythme du bateau.

En mer les rencontres se jouent des différences sociales. Il n'y a plus que des êtres humains groupés sur un petit vaisseau lancé dans l'immensité marine. Une espèce de plénitude nous saisit, contrastant avec notre attitude au port :

> *« Il est intéressant de remarquer nos changements d'attitude lorsque nous sommes en mer. Au port nous cherchons à retourner à terre "une dernière fois" – pour quelque raison que ce soit – car il n'y aura peut-être pas d'autre opportunité. En mer, on ne trouve aucun signe d'une telle indécision. Il y a quelque chose de magique dans le fait d'aller quelque part. Nous ne nous soucions ni de l'endroit ni de la vitesse, mais nous avons conscience de ne pas être immobiles. La vie semble calme. »*

Ces lignes écrites par Keith et Jean Comly à bord du cargo COLUMBIA STAR, montrent bien le changement d'attitude qui s'opère au cours d'une traversée.

Etonnant à quel point chacun, sur un bateau, se trouve une place, une activité : commencer un journal intime, lire tous ces livres qu'on n'a "jamais le temps de lire", peindre ou dessiner, écouter de la musique, méditer, écrire, regarder un film vidéo, jouer aux échecs, aux cartes, aux fléchettes, bavarder au bar, jouer de la musique après le dîner, chanter...

Sachez donc préparer un long voyage en mer en fonction de vos distractions préférées, en fonction de vos aspirations et pensez à emporter vos "nourritures spirituelles".

Pour vous détendre physiquement vous pourrez vous plonger dans la petite piscine du bord, ou bien vous profiterez du gymnase et du sauna si le bateau en est équipé. Enfin vous aurez peut-être la chance de disposer d'une table de ping-pong, un sport qui prend une toute nouvelle dimension lorsque le bateau roule ou tangue sur la houle...

A bord d'un paquebot de croisière, les passagers sont pris en charge toute la journée, comme si on cherchait à leur faire oublier qu'ils se trouvent en mer et sur un bateau. A bord d'un cargo c'est le contraire. Passagers et officiers sont au contact les uns des autres et la progression du bateau ou l'évolution de la météo sont tout naturellement des sujets de conversation. Lorsqu'ils y sont invités, les passagers peuvent aussi se rendre sur la passerelle de commandement ou à la salle des machines. Ainsi, d'une certaine façon, ils sont intégrés à la bonne marche du navire et en suivent chaque jour la progression.

Appareillage (départ) et atterrissage (arrivée) sont des événements qui se savourent. Ballets des remorqueurs, pilotes grimpant tels des singes sur l'échelle de corde... Comment s'ennuyer dans ces conditions ?

Et puis, disons-le, une cabine de cargo sur l'océan peut aussi être un nid rêvé pour un couple qui voudrait s'offrir une lune de miel originale, hors du temps.

On dit que sur les bateaux, la sensualité se réveille, que la haute mer et le tangage causent “un effet de vertige sur les couples”, comme le raconte la cubaine Marya Montero dans son roman érotique *Une nuit avec toi* :

> *« Bermudez, qui connaît si bien ces choses-là et qui ne s'est pas pour rien marié déjà trois fois, m'avait prévenu avant le départ : les femmes, sur les bateaux, se déchaînent. »*

La mer... l'amour... la mort... pour tromper l'ennui des quarts de nuit, les marins parlent, racontent des histoires de bateaux, de mer, d'amour et de mort. Un livre halluciné témoigne de ces récits surprenants, entendus à bord de cargos et de paquebots : *Le Quart* du Grec Nikos Kavvadias, écrit en 1954, qui reste un chef-d'œuvre du genre.

Peut-on faire du cargo-stop?

Est-il encore possible aujourd'hui, comme dans le temps, d'aller au port et de convaincre le capitaine d'un cargo qu'il vous prenne à son bord, en passager payant ou à titre d'invité ?

A priori, la réponse est non et l'on s'entendra invoquer toujours les mêmes raisons : problèmes d'assurance, pas de médecin à bord ni de garçon de cabine, il faudrait l'autorisation de la compagnie, etc. Mais il existe des exceptions.

C'est le cas d'Andreas, un voyageur allemand débarqué d'un voilier aux Açores. Cherchant à rejoindre l'Europe par voie de mer, il fit le tour des cargos du port, essuyant refus après refus, jusqu'au jour où il finit par rencontrer le capitaine d'une compagnie grecque qui l'accepta sur son cargo à destination du Portugal. Au cours de la traversée, des liens d'amitié se nouèrent entre les deux hommes tant et si bien qu'à l'arrivée le capitaine décréta qu'Andreas serait désormais invité permanent sur les autres bateaux de la compagnie.

Autre exemple : Manu et Rachel, de Saint-Pierre-et-Miquelon, qui ont parcouru bon nombre de milles sur leur voilier, eurent l'occasion de venir en France sur un petit cargo. Manu raconte :

> « *Le* VILLE DE CORTE, *ro-ro de 80 mètres, était plus habitué à sillonner la Méditerranée entre l'Afrique du Nord et Marseille qu'à affronter le froid et la glace. Son parcours pendant 5 mois fut Halifax – St-Pierre – Miquelon en rotation tous les 10 jours. Il remplaçait notre roulier habituel qui était en grande réparation.*
>
> « *Connaissant l'armateur et le capitaine, ce ne fut pas trop difficile d'embarquer pour le voyage de retour vers Marseille. Notre cabine se trouvait dans un container derrière la timonerie... Quatre containers étaient ainsi aménagés pour héberger les chauffeurs de camions qui traversaient la Méditerranée.* »

Traversée de 10 jours hors du commun, qui commence dans les champs de glace ("pancakes-ice") du Saint-Laurent, sous une lumière magique, pour s'achever dans les brumes de Marseille...

Une fois encore, ce sont là des exceptions, mais la lecture des livres de Gavin Young, qui a sillonné les mers du monde sur des dizaines de bateaux, nous montre qu'avec conviction et inventivité on parvient parfois à franchir tous les obstacles pour pouvoir embarquer sur un bateau.

N'oubliez jamais qu'un capitaine a le pouvoir d'inviter quelqu'un à son bord. Il arrive d'ailleurs que les officiers invitent leur conjoint pour la durée d'un voyage.

Estimer le prix d'un billet entre deux escales

Ce qui est un lieu d'arrivée pour l'un peut devenir un port d'embarquement pour un autre. C'est pourquoi **les trajets des bateaux donnés dans ce guide peuvent se lire au départ de n'importe quelle escale.**

Le plus souvent les prix des billets sont donnés pour un voyage circulaire. Si vous connaissez la durée de ce voyage, vous pouvez calculer le tarif journalier.

Exemple :

Vous vous intéressez à un voyage libellé comme suit :

"Hambourg – Anvers – Le Havre – Gibraltar – Le Pirée – Suez – Djedda – Suez – Gibraltar – Le Havre – Hambourg (Voyage circulaire : environ 16 jours)

Tarif :

Voyage circulaire : 1 600 $

Soit 100 $ par jour".

Le voyage circulaire se comprend de Hambourg à Hambourg, via Djedda. Or, vous n'êtes intéressé, par exemple, que par la section : Le Havre – Le Pirée.

Comment estimer le prix du billet ?

Il vous faut pour cela connaître ou bien le nombre de jours de navigation, ou bien la distance entre les deux ports.

Dans le cas présent, Le Havre – Le Pirée = 2 693 milles.

Sachant que la plupart des cargos naviguent entre 15 et 20 nœuds à l'heure, on peut calculer le temps que va mettre le bateau.

Soit, entre Le Havre et Le Pirée, de 5 à 6 jours, sans compter les escales. A 100 $ par jour, vous pouvez donc estimer le prix du billet de 500 à 600 $, auxquels il faut bien sûr ajouter le prix équivalant à la durée des escales.

Il existe un petit livre bourré de chiffres qui fait rêver les amateurs de voyages en mer, car il donne les distances de tous les grands ports du monde entre eux (plus de 500 ports sont listés dans son index). Il permet aux armateurs et aux courtiers de calculer les routes les plus courtes pour leurs navires : c'est le *Reed's marine distance tables*, publié en Grande-Bretagne par les éditions Thomas Reed (Weir House, Hurst Road, East Molesey, Surrey KT8 9AQ).

Afin de vous permettre de transcrire des milles marins en jours de voyage, voici le temps que met un cargo naviguant à 15 nœuds pour parcourir quelques distances :

Pour 500 milles : 1 jour et 9 heures
Pour 1 000 milles : 2 jours et 19 heures
Pour 2 000 milles : 5 jours et 13 heures
Pour 3 000 milles : 8 jours et 8 heures
Pour 5 000 milles : 13 jours et 21 heures
Pour 10 000 milles : 27 jours et 18 heures
(Sans compter les escales, bien entendu)

Un mille marin = 1 852 mètres
Un nœud = unité de vitesse équivalant à un mille marin par heure

Voici également les distances de quelques grands ports du monde au départ du Havre. Cela vous permettra, au besoin, d'effectuer quelques estimations.

Quelques distances de grands ports du monde au départ du Havre (en milles marins)

Le Havre –

Açores	1325
Alexandrie	2985
Antofagasta	6778
Anvers	244
Apia (via Panama)	10351
Aqaba	3495
Auckland	11200
Baltimore	3380
Bangkok	8970
Barcelone	1712
Beyrouth	3200
Bombay	6165
Boston	2880
Buenos Aires	6210
Calcutta	7845
Callao	5987
Cap Horn	7235
Le Cap	6030
Cartagena (Colombie)	4390
Casablanca	1209
Colombo	6595
Conakry	2823
Curaçao	4130
Dakar	2410

Dar es-Salaam	6 235
Djakarta	8 395
Djedda	3 805
Djibouti	4 493
Douala	4 387
Dubrovnik	2 635
Fremantle	9 395
Galveston	4 880
Gênes	2 042
Gibraltar	1 147
Guayaquil	5 492
Haïfa	3 200
Haiphong	9 510
Halifax	2 515
La Havane	4 190
Ho Chi Minh Ville (Saïgon)	8 785
Hong Kong	9 595
Honolulu (via Panama)	9 320
Iquique	6 650
Kaohsiung	9 785
Karachi	5 970
Kingston (Jamaïque)	4 130
Kobe	10 890
Lagos	4 120
Las Palmas	1 560
Los Angeles	7 557
Madras	7 170
Marseille	1 876
Ile Maurice	6 835
Mombasa	6 135
Montevideo	6 090

Montréal	3015
New Orleans	4690
New York	3080
Norfolk	3240
Nouméa (via Panama)	11625
Odessa	3314
Osaka	10785
Oslo	752
Papeete (via Panama)	9180
Philadelphia	3230
Le Pirée	2 693
Port-au-Prince	4005
Portland	8557
Port Moresby (via Suez)	9854
Port Saïd	3093
Port-Soudan	3890
Puerto Limon	4750
Pusan (via Suez)	10663
Recife	3995
La Réunion	6800
Rio de Janeiro	5080
Salvador	4380
San Juan (Puerto Rico)	3655
Seattle	8655
Shangai	10400
Suva	10961
Singapour	8160
Suez	3180
Sydney (via Suez)	11370
Tampico	5020
Valparaiso	7258

Vancouver	8727
Vera Cruz	4980
Yokohama (via Suez)	11115

L'index des ports

A la fin du livre vous trouverez l'index de tous les ports cités dans le guide. Il permet de retrouver tous les cargos de passagers qui s'y arrêtent.

On peut l'utiliser comme index aussi bien pour un port de départ que d'arrivée.

LE GUIDE

Remarques préliminaires

Ce guide, que nous avons voulu le plus complet possible, est, à notre connaissance, le premier du genre et il a fallu inventer des classifications pour permettre au voyageur de s'y retrouver dans les nombreux itinéraires de cargos qui sillonnent le globe en tous sens. En effet, lorsqu'on traite d'un sujet aussi fluctuant que la marine marchande, on se heurte très vite à de nombreuses difficultés pour établir un guide conventionnel et infaillible.

En matière de navigation, la précision absolue est impossible. Les itinéraires obéissent à une logique plus commerciale que géographique (quand la météo ne vient pas s'en mêler). Les compagnies de navigation prennent toujours la précaution de dire et de répéter aux passagers que tout – ou presque – est susceptible de changement.

Cependant les nouveaux moyens de communication et de navigation augmentent la fiabilité des horaires et des itinéraires au point que certains voyages en cargos porte-conteneurs peuvent s'avérer aussi ponctuels qu'un trajet en chemin de fer.

Comment utiliser ce guide

Choisir votre destination

La 1e partie du guide vous propose des voyages classés en fonction des destinations.

Il y a 7 sections :

1. Vers les États-Unis et le Canada
2. Vers le Mexique, les Caraïbes, l'Amérique Centrale et l'Amérique du Sud
3. Vers la Méditerranée, le continent africain, les îles de l'Atlantique Sud, la Mer Rouge, Le Proche et le Moyen Orient, le îles de l'océan indien
4. Vers l'Inde, l'Asie du Sud-Est, l'Extrême-Orient, l'Australie, la Nouvelle-Zélande, la Nouvelle-Calédonie, le Pacifique
5. Vers les pays nordiques, l'Islande, la Baltique, la Russie
6. Les lignes tour du monde
7. Les voyages qui ne passent pas par l'Europe

Par commodité, dans chaque section, les destinations sont listées du nord vers le sud. Ainsi, un trajet d'Europe vers Montréal précèdera un trajet vers New York, qui lui-même précèdera un trajet vers New Orleans, etc

Les itinéraires sont donnés dans l'ordre chronologique des escales (les pays ou les régions sont indiqués en *italique*). Après l'itinéraire, figure le nom de la compagnie ou de l'agence qui délivre le billet, et la page où se reporter.

Pour le voyageur, **chaque escale peut aussi être un port de départ ou d'arrivée.**

Le premier port indiqué n'est pas nécessairement votre port de départ.

Ainsi, dans le cas d'un voyage : *"Hambourg – Anvers – Le Havre – Montréal – New York – Le Havre – Anvers – Hambourg"*, vous pouvez choisir de monter au Havre et de débarquer à Montréal, mais vous pouvez aussi embarquer au départ de Montréal pour vous rendre au Havre ou à Anvers, tout en sachant que le bateau fera un crochet par New York, et ainsi de suite...

Parfois, seul le pays est indiqué et vous devrez contacter la compagnie ou l'agence correspondante pour connaître le port prévu au moment de votre départ.

Vous ne trouverez pas toujours le cargo de vos rêves au départ d'un port proche de chez vous. Les grands ports les plus proches de France sont : Anvers (*Belgique*), Rotterdam (*Hollande*), Felixstowe, Tilbury et Thamesport (*Grande-Bretagne*), Brême et Hambourg (*Allemagne*), Gênes et Livourne (*Italie*), Valencia (*Espagne*).

Grâce à l'index des ports, ce guide est utilisable à partir de n'importe quel port du globe.

En cargo, vous ne choisissez pas seulement une destination, mais aussi tout un itinéraire.

Choisir une compagnie

La deuxième partie du guide vous donne la liste alphabétique des compagnies correspondant au voyage que vous avez choisi. Les conditions du voyage y sont détaillées.

Pour comparer les prix de deux compagnies reportez-vous au tarif “par jour”.

Certaines compagnies délivrent elles-mêmes leurs billets. D’autres confient ce soin à des agences spécialisées.

De leur côté, les agences publient des brochures avec la liste de leurs voyages disponibles. Malheureusement, certaines agences cachent le nom de la compagnie qu’elles représentent pour obliger les passagers à passer par elles et éviter ainsi qu’ils achètent leur billet directement à la compagnie. C’est pourquoi vous retrouverez quelques voyages sous la rubrique “agences” et non sous la rubrique “compagnies de navigation”.

Lignes tour du monde

Avec l’avènement des porte-conteneurs, quelques compagnies ont pu mettre en service des lignes régulières de tour du monde (le plus souvent vers l’ouest, c’est-à-dire d’Europe vers Panama et le Pacifique) qui fonctionnent en boucle 365 jours par an.

Ce sont des voyages d’une durée de 80 à 100 jours avec de nombreuses escales sur plusieurs continents. Le plus souvent ces voyages sont vendus comme circulaires, pour un tour du monde complet, vous ramenant à votre port de départ. Dès lors il n’est pas toujours aisé de trouver une place entre deux escales, car ces tours du monde sont très populaires, notamment auprès des retraités.

Mais rien ne vous empêche de contacter ces compagnies pour leur demander s'il reste une cabine libre entre deux escales qui vous intéressent. (Entre l'Europe et le Pacifique Sud, par exemple).

Attraper un "tramp" au vol

A noter que certains bateaux "tramps" n'ont pas de trajets déterminés à l'avance, leurs routes et leurs escales dépendent de l'offre et de la demande et ces cargos vagabonds sont susceptibles d'aller n'importe où dans le monde.

Vous pouvez donc, si vous décidez de partir en voyage, contacter des compagnies telles que Tamahine, Mac Shipping, Mineral Shipping ou d'autres comme Egon Oldendorff, pour connaître la position de leurs navires et les routes prévues au cours des semaines à venir.

Jeu de piste

Il existe de multiples façons de trouver un bateau pour voyager. Ce livre vous donne des clefs, mais les voyages en cargo dépendent de données variables et il vous sera possible, à partir de ces informations de base, de découvrir d'autres itinéraires, d'autres bateaux.

Même si certaines informations se modifient, vous pourrez, à partir de l'outil que constitue ce guide, remonter les filières et corriger le tir pour trouver les horaires et les itinéraires qui vous concernent dans l'immédiat.

Chercher un cargo pour voyager peut être la chose la plus simple du monde, car il existe des lignes régulières avec plusieurs départs par mois.

Mais d'un autre côté, c'est peut-être en feuilletant ce guide au hasard que vous dénicherez le voyage de vos rêves... Vous pouvez aussi faire vos propres recherches et trouver ainsi des solutions nouvelles, des itinéraires imprévus.

Monnaies :

La plupart des prix sont donnés en dollars US ($), deutschmarks (DM), livres sterling (£), ou autres, en fonction du pays émetteur.

A propos du téléphone :

Les indicatifs téléphoniques des pays sont donnés à la suite du numéro. Certains numéros à l'étranger commencent par un "0". **DEPUIS LA FRANCE NE COMPOSEZ PAS CE ZÉRO** (sauf pour la Russie, la Finlande et la Guyane).

Vos témoignages :

Si vous découvrez des routes ou des compagnies ne figurant pas dans ce livre, n'hésitez pas à nous les communiquer pour que nous puissions mettre ce guide à jour. Faites-nous part de vos témoignages vécus à bord de bateaux de passagers.

Écrivez-nous :

Le guide des voyages en cargo
Éditions Lattès
17 rue Jacob
75006 Paris

123 itinéraires classés selon les destinations

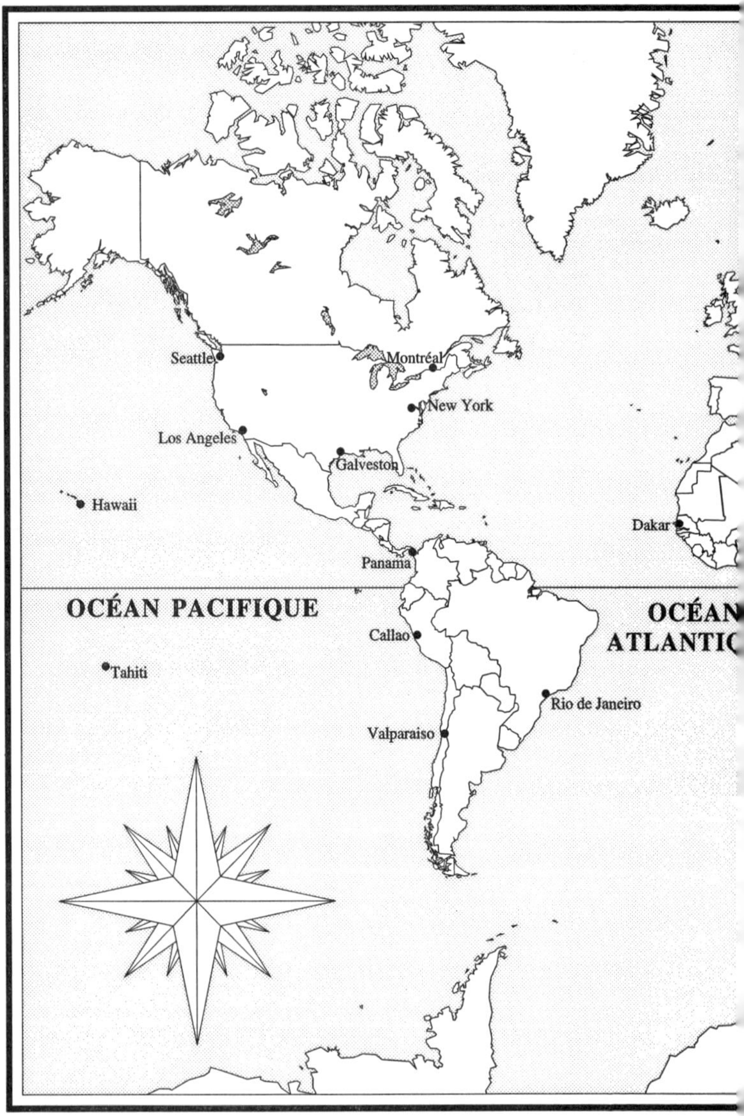

Seattle
Montréal
New York
Los Angeles
Galveston
Hawaii
Dakar
Panama
OCÉAN PACIFIQUE
OCÉAN
ATLANTIQ
Callao
Tahiti
Rio de Janeiro
Valparaiso

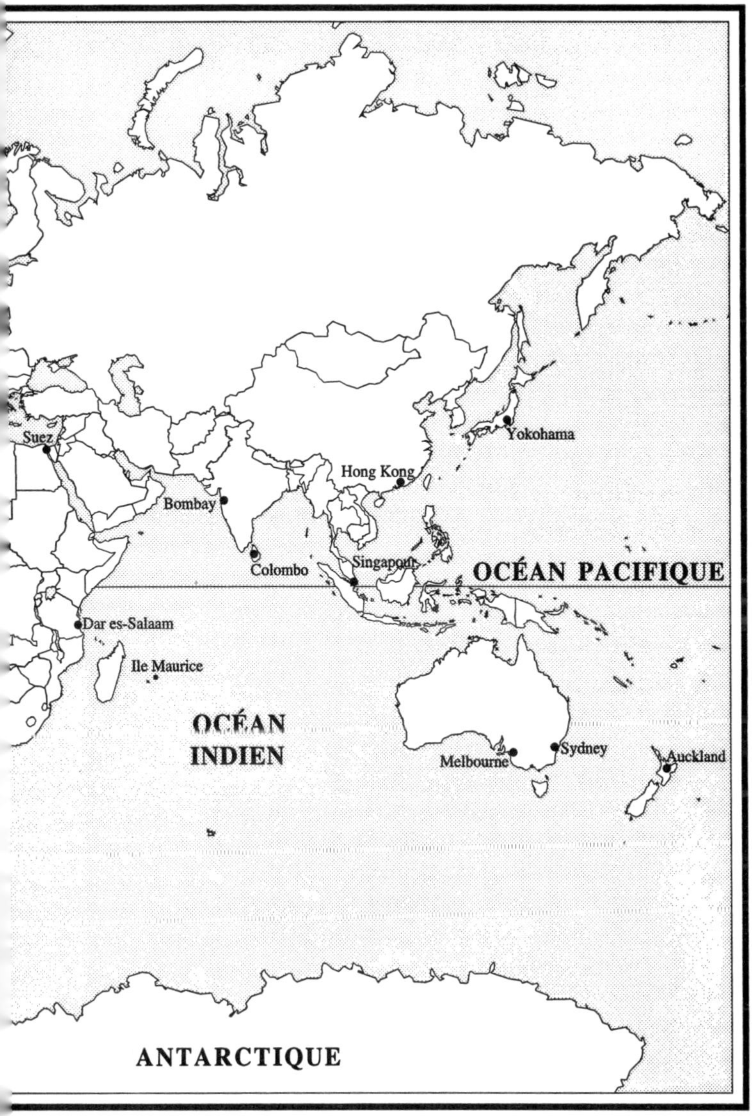
Suez
Yokohama
Hong Kong
Bombay
Colombo
Singapour
OCÉAN PACIFIQUE
Dar es-Salaam
Ile Maurice
OCÉAN
INDIEN
Sydney
Melbourne
Auckland
ANTARCTIQUE

Côte Est des Etats-Unis

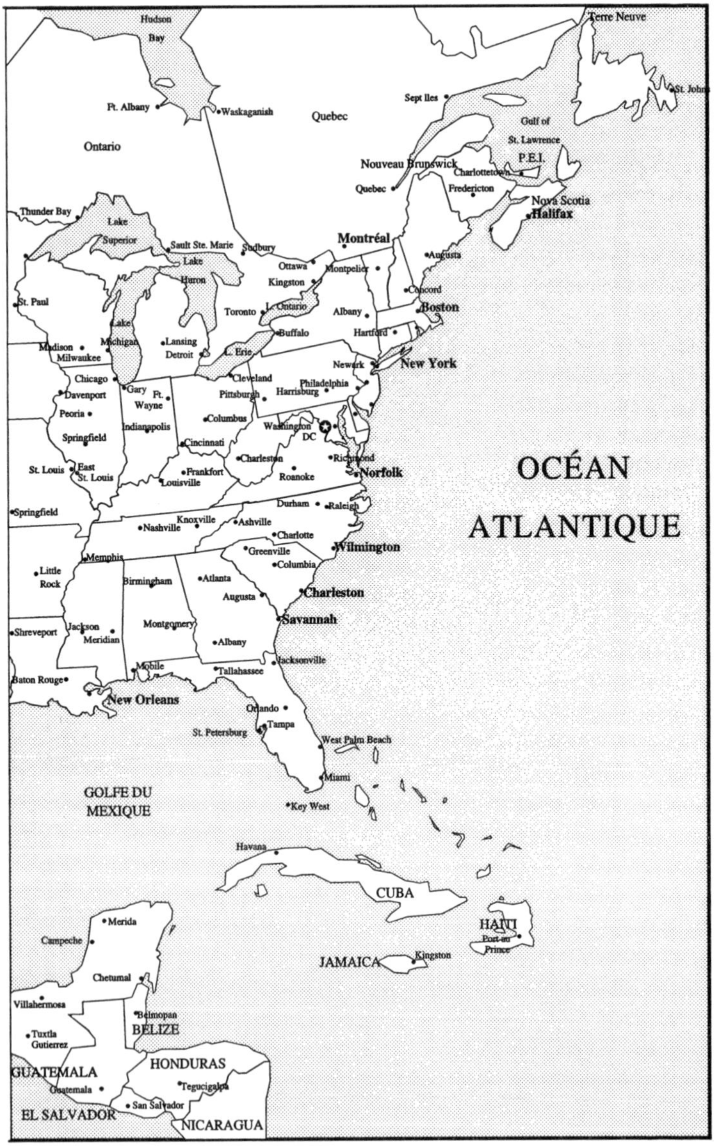

VOYAGES ENTRE

L'EUROPE
&
LE CANADA
LES ÉTATS-UNIS

Vers le Canada :

1 Anvers *Belgique* – Montréal *Canada* –
Sorel (Sept Iles) *Canada* – Anvers *Belgique*
(Cast Line) p. 181

2 Zeebrugge *Belgique* – Montréal *Canada* –
éventuellement : 1 ou 2 ports sur le Saint-Laurent
Canada – Zeebrugge *Belgique*
(Agent : Freighter Cruise Service) p. 303

3 Anvers *Belgique* – Hambourg *Allemagne* – Port-Cartier *Canada* – Baie-Comeau *Canada* – Montréal/Québec *Canada*
(Egon Oldendorff) p. 205

4 Gênes *Italie* – Valencia *Espagne* – Montréal *Canada* – Larnaka *Chypre* – Beyrouth *Liban* – Naples *Italie* – Gênes *Italie*
(Deutsche Seereederei Rostock) p. 199

5 Montréal *Canada* – *Italie* – *Espagne* – *Portugal* – Montréal *Canada*
(Mediterranean Great Lakes Line) p. 246

Vers la Côte Est des Etats-Unis :

6 Anvers *Belgique* – Brême *Allemagne* – Hambourg *Allemagne* – Felixstowe *Grande-Bretagne* – Le Havre *France* – Boston *Massachusetts USA* – New York *USA* – Baltimore *Maryland USA* – Wilmington *Caroline du Nord USA*
(Mediterranean Shipping Company) p. 247

7 Rotterdam/Delfzijl *Hollande* –
Searsport *Massachusetts USA* –
Wilmington *Caroline du Nord USA* –
Savannah *Géorgie USA* – Rotterdam *Hollande*
(Mineral Shipping) p. 254

8 Newark *New Jersey USA* – *Egypte* – *Israël* –
Turquie – *Italie* – Newark *USA*
(Lykes Lines) p. 235

9 Anvers *Belgique* – Chester *Pennsylvanie USA* –
Philadelphie *Pennsylvanie USA* –
Richmond *Virginie USA* – Anvers *Belgique*
(Transeste) p. 293

10 Anvers *Belgique* – Rotterdam *Hollande* –
Hambourg *Allemagne* – Norfolk *Virginia USA* –
Newport News *Virginie USA*
(Egon Oldendorff) p. 205

11 New Orleans *Louisiane USA* – Anvers *Belgique* –
Brêmc *Allemagne* – Le Havre *France* –
Norfolk *Viriginie USA* ou Galveston *Texas USA*
(Lykes Lines) p. 235

12 Galveston *Texas USA* – New Orleans *Louisiane USA* – Rotterdam *Hollande* – Brême *Allemagne* – Felixstowe *Grande-Bretagne* – Le Havre *France* – Norfolk *Virginia USA* – Charleston *Caroline du Sud USA* – Miami *Floride USA* – Galveston *Texas USA*
(Lykes Line) p. 235

13 Anvers *Belgique* – Felixstowe *Grande-Bretagne* – Charleston *Caroline du Sud USA* – Miami *Floride USA* – Houston *Texas USA* – Savannah *Géorgie USA* – Charleston *Caroline du Sud USA* – Anvers *Belgique*
(Lykes Line) p. 235

14 *Sud-Est des USA* – *Italie* ou *Grèce* ou *Europe du Nord* – *Sud-Est des USA*
(Mineral Shipping) p. 254

15 Savannah *Géorgie USA* – *Hollande* – *Côte Est des USA*
(Mineral Shipping) p. 254

16 Anvers *Belgique* – Rotterdam *Hollande* – Hambourg *Allemagne* – New Orleans *Louisiane USA* ou : Mobile, Houston, Galveston, et même Corpus Christi *USA*
(Egon Oldendorff) p. 205

17 Brême *Allemagne* – Le Havre *France* – Houston *Texas USA* – New Orleans *Louisiane USA* – Savannah *Géorgie USA* – Rotterdam *Hollande* – Brême *Allemagne*
(Polish Ocean Lines) p. 270

18 Felixstowe *Grande-Bretagne* – Le Havre *France* – Galveston *Texas USA* – New Orleans *Louisiane USA*
(Lykes Lines) p. 235

19 Galveston *Texas USA* – Livourne *Italie* – Naples *Italie* – Izmir *Turquie* – Haïfa *Israël* – Alexandrie *Egypte* – Le Pirée *Grèce* – Livourne *Italie* – Galveston *Texas USA*
(Lykes Lines) p. 235

Vers la côte Ouest des Etats-Unis et le Canada :

20 Anvers *Belgique* – Canal de Panama – Long Beach *Californie USA* – Canal de Panama – Le Havre *France* – Thamesport *Grande-Bretagne* – Rotterdam *Hollande* – Brême *Allemagne* – Anvers *Belgique*
(Containerships Reederi) p. 197

21 Felixstowe *Grande-Bretagne* – Le Havre *France* – Canal de Panama – Long Beach (Los Angeles) *Californie USA* – Oakland *Californie USA* – Portland *Oregon USA* – Seattle *Washington USA* – Vancouver *Colombie Britannique Canada* – Oakland *Californie USA* – Long Beach *Californie USA* – Le Havre *France* – Felixstowe *Grande-Bretagne* – Brême *Allemagne*
(H.W. Janssen) p. 225

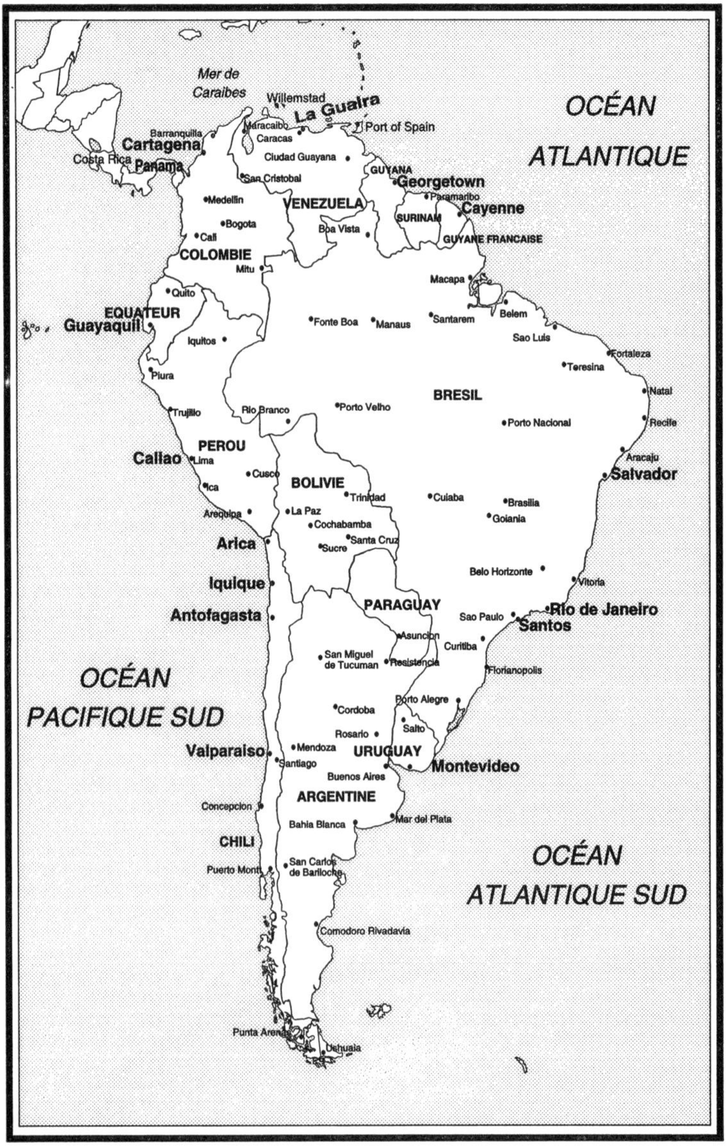
Mer de Caraibes
Willemstad
La Guaira
Port of Spain
OCÉAN ATLANTIQUE
Barranquilla
Cartagena
Maracaibo
Caracas
Costa Rica
Panama
Ciudad Guayana
San Cristobal
GUYANA
Georgetown
Paramaribo
Medellin
VENEZUELA
Cayenne
SURINAM
Bogota
Boa Vista
Cali
GUYANE FRANCAISE
COLOMBIE
Mitu
Macapa
Quito
EQUATEUR
Guayaquil
Fonte Boa
Manaus
Santarem
Belem
Iquitos
Sao Luis
Fortaleza
Teresina
Piura
Natal
BRESIL
Trujillo
Rio Branco
Porto Velho
Porto Nacional
Recife
PEROU
Callao
Lima
Aracaju
Cusco
Salvador
BOLIVIE
Ica
Trinidad
Cuiaba
Brasilia
Arequipa
La Paz
Goiania
Cochabamba
Santa Cruz
Arica
Sucre
Belo Horizonte
Iquique
Vitoria
PARAGUAY
Rio de Janeiro
Antofagasta
Sao Paulo
Santos
Asuncion
Curitiba
San Miguel de Tucuman
Resistencia
OCÉAN PACIFIQUE SUD
Florianopolis
Porto Alegre
Cordoba
Salto
Rosario
Valparaiso
Mendoza
URUGUAY
Santiago
Montevideo
Buenos Aires
Concepcion
ARGENTINE
Bahia Blanca
Mar del Plata
CHILI
OCÉAN ATLANTIQUE SUD
Puerto Montt
San Carlos de Bariloche
Comodoro Rivadavia
Punta Arenas
Ushuaia

L'EUROPE
&
LE MEXIQUE, LES CARAÏBES, L'AMÉRIQUE CENTRALE, L'AMÉRIQUE DU SUD

Vers le Mexique, les Caraïbes, l'Amérique centrale :

22 Hambourg *Allemagne* – Anvers *Belgique* – San Juan *Puerto Rico* – Veracruz *Mexique* – Tampico *Mexique*– Rio Haina *République Dominicaine* – San Juan *Puerto Rico* – Anvers *Belgique* – Rotterdam *Hollande* – Hambourg *Allemagne*
(Deutsche Seereederei Rostock) **p. 199**

23 Brême/Hambourg *Allemagne* – Anvers *Belgique* – Bilbao *Espagne* – Tuxpan *Mexique* – Veracruz *Mexique* – Houston *Texas USA* – Anvers *Belgique* – Brême/Hambourg *Allemagne*
(N.S.B.) p. 259

24 Brême *Allemagne* – Le Havre *France* – Miami *Floride USA* – Houston/Galveston *Texas USA* – Veracruz *Mexique* – Altamira *Mexique* – Houston *Texas USA* – New Orleans *Louisiane USA* – Anvers *Belgique* – Felixstowe *Grande-Bretagne* – Brême *Allemagne* **(Egon Oldendorff) p. 205**

25 Rostock *Allemagne* – Nombreux ports sur la côte cubaine *Cuba*
(Deutsche Seereederei Rostock) p.199

26 Hambourg *Allemagne* – Anvers *Belgique* – Rio Haina *République Dominicaine* – Caldera *Costa Rica* – Corinto *Nicaragua* – Acajutla *San Salvador* – (parfois le *Guatemala* et Cartagena *Colombie*) – Brême *Allemagne* – Hambourg *Allemagne*
(Agent : Hamburg-Süd) p. 308

27 Port d'*Europe de l'Ouest* – Santo Domingo *République Dominicaine* – Puerto Cabello *Venezuela* – Cartagena *Colombie* – Cristobal *Panama* – Puerto Limon *Costa Rica* – Puerto Cortes *Honduras* – Santo Tomas de Castilla *Guatemala* – New Orleans/Houston *USA* – Columbia *USA* – Port d'*Europe de l'Ouest*
(Polish Ocean Lines) p. 270

28 Liverpool *Grande-Bretagne* – Ponce *Puerto Rico* – Bridgetown *La Barbade* – Port of Spain *Trinidad* – La Guaira, Puerto Cabello *Venezuela* – Willemstad (Curaçao) *Antilles Néerlandaises* – Oranjestad *Aruba* – Rio Haina *République Dominicaine* – Port-au-Prince *Haïti* – Kingston *Jamaïque* – *Belize* – Santo Tomas *Guatemala* – Puerto Cortes *Honduras* – Puerto Limon *Costa Rica* – Kingston *Jamaïque* – Ponce *Puerto Rico* – Felixstowe *Grande-Bretagne*
(Harrison Line) p. 218

29 Southampton *Grande-Bretagne* – Castries *Sainte-Lucie* – Port of Spain *Trinidad* – Kingstown *Saint-Vincent* – *Antigua* – Roseau *La Dominique* – Southampton *Grande-Bretagne*
(The Geest Line) p. 211

30 *Port français* (Le Havre, Dunkerque, Montoir ou Le Verdon) – Fort-de-France ou Pointe-à-Pitre *Antilles françaises* – *Port français*
(CGM) p. 188

31 Hambourg *Allemagne* – Anvers *Belgique* – Le Havre *France* – Ponta Delagada *Açores* – Pointe-à-Pitre *Guadeloupe* – Fort-de-France *Martinique* – Cayenne *Guyane française* – Moin *Costa Rica* – Santo Tomas *Guatemala* – Le Havre *France* – Anvers *Belgique* – Hambourg *Allemagne*
(Horn Linie) p. 221

32 Hambourg *Allemagne* – Le Havre *France* – Pointe-à-Pitre *Guadeloupe* – Fort-de-France *Martinique* – *Costa Rica* ou *Guatemala* – Anvers *Belgique* – Hambourg *Allemagne*
(Agent : Hamburg-Süd) p. 308

Vers la côte Est de l'Amérique latine :

33 Brême *Allemagne* ou Rotterdam *Hollande* ou Felixstowe *Grande-Bretagne* – Paramaribo *Surinam* – Georgetown *Guyana* – Trinidad *Trinidad* – La Guaira *Venezuela* – Willemstad (Curaçao) *Antilles néerlandaises* – Oranjestad *Aruba* – Cartagena *Colombie* – Puerto Cabello *Venezuela* – Guanta *Venezuela* – Rotterdam *Hollande* ou Brême *Allemagne*
(Projex Line) p. 280

34 Anvers *Belgique* – Santanas (sur l'Amazone) *Brésil* – Manaus (sur l'Amazone) *Brésil* – Itacoatiara (sur l'Amazone) *Brésil* - Belem *Brésil* – Fortaleza *Brésil* – Cabedelo *Brésil* – Hambourg *Allemagne*
(Agent : Margis Reiseagentur) p. 315

35 Tilbury *Grande-Bretagne* – Hambourg *Allemagne* – Brême *Allemagne* – Anvers *Belgique* – Salvador *Brésil* – Santos *Brésil* – Salvador *Brésil* – Recife *Brésil* – Recife *Brésil* – Rotterdam *Hollande* – Tilbury *Grande-Bretagne* (L'itinéraire peut varier et inclure d'autres ports) : Montevideo *Uruguay* – Rio Grande, Itajai, *Brésil*
(Blue Star Line) p. 177

36 Gênes *Italie* – Fos-sur-mer *France* – Barcelone *Espagne* – Cadix *Espagne* – Vitoria *Brésil* – Santos *Brésil* – Buenos Aires *Argentine* – Montevideo *Uruguay* – Sao Francisco do Sul *Brésil* – (éventuellement : Vitoria/Salvador/Fortaleza *Brésil* – Tenerife *Iles Canaries*) – Alicante/Valencia *Espagne* – Naples *Italie* – Gênes *Italie*
(Dollart Redderei) p. 203

37 Hambourg *Allemagne* – Iles Canaries – Rio de Janeiro/Santos *Brésil* – Montevideo *Uruguay* – Buenos Aires *Argentine* – Santos *Brésil* – Ilheus/Salvador *Brésil* – Iles Canaries – Port d'*Europe de l'Ouest*
(Polish Ocean Lines) p. 270

38 Hambourg *Allemagne* – Brême *Allemagne* – Anvers *Belgique* – Rio de Janeiro *Brésil* – Santos *Brésil* – Rotterdam *Hollande* – Hambourg *Allemagne*
(Agent : Hamburg-Süd) p. 308

39 Tilbury *Grande-Bretagne* – Hambourg *Allemagne* – Brême *Allemagne* – Rotterdam *Hollande* – Anvers *Belgique* – Le Havre *France* – Bilbao *Espagne* – Santos *Brésil* – Buenos Aires *Argentine* – Montevideo *Uruguay* – Sao Francisco do Sul *Brésil* – Santos *Brésil* – Tilbury *Grande-Bretagne*
(Peter Dohle) p. 268

40 Gênes *Italie* – Paranagua *Brésil* – Santos *Brésil* – Rio de Janeiro *Brésil* – Salerno *Italie* – Livourne *Italie* – Gênes *Italie* **(Grimaldi Lines) p. 213**

Vers la côte Ouest de l'Amérique latine :

41 Gdynia *Pologne* – Hambourg *Allemagne* – Anvers *Belgique* – Canal de Panama – Guayaquil *Equateur* – Callao *Pérou* – Arica *Chili* – Antofagasta *Chili* – Valparaiso *Chili* – Détroit de Magellan – *Brésil* – Hambourg *Allemagne* – Gdynia *Pologne*
(Polish Ocean Lines) p. 270

42 Gdynia *Pologne* – Hambourg *Allemagne* – Canal de Panama – Valparaiso *Chili* – Callao *Pérou* – Antofagasta *Chili* – Arica *Chili* – Guayaquil *Equateur* – Canal de Panama – Hambourg *Allemagne* – Gdynia *Pologne*
(Polish Ocean Lines) p. 270

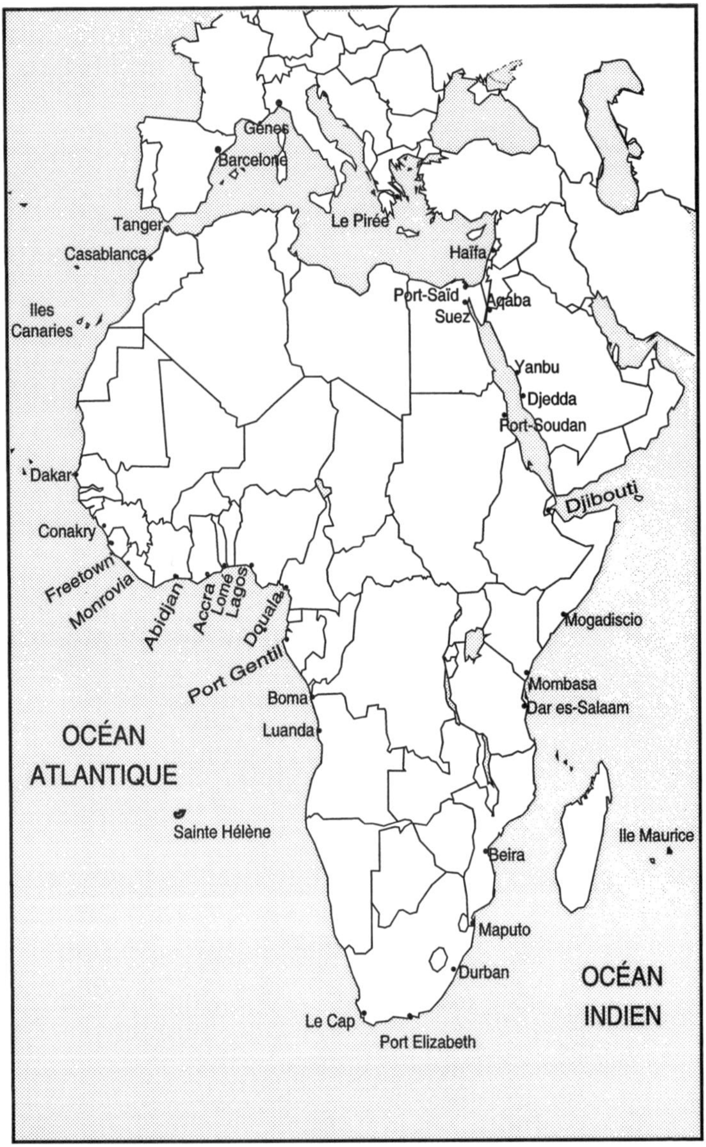
Gênes
Barcelone
Tanger
Casablanca
Le Pirée
Haïfa
Port-Saïd
Suez
Aqaba
Iles Canaries
Yanbu
Djedda
Port-Soudan
Dakar
Djibouti
Conakry
Freetown
Monrovia
Abidjan
Accra
Lomé
Lagos
Douala
Mogadiscio
Port Gentil
Mombasa
Dar es-Salaam
Boma
Luanda
OCÉAN ATLANTIQUE
Sainte Hélène
Ile Maurice
Beira
Maputo
Durban
OCÉAN INDIEN
Le Cap
Port Elizabeth

L'EUROPE
ET

LA MÉDITERRANÉE,
LE CONTINENT AFRICAIN,
LES ILES DE L'ATLANTIQUE,
LA MER ROUGE,
LE PROCHE ET LE MOYEN-ORIENT,
LES ILES DE L'OCÉAN INDIEN

Vers la Méditerranée et le Moyen-Orient :

43 Rotterdam *Hollande* – Lisbonne *Portugal* – Algeciras *Espagne* – La Valette *Malte* – Le Pirée *Grèce* – Naples *Italie* – Palerme *Sicile Italie* – Algeciras *Espagne* – Lisbonne *Portugal* – Felixstowe *Grande-Bretagne* – Rotterdam *Hollande*

(Agent : Hamburg-Süd) p. 308

44 Rotterdam *Hollande* – Felixstowe *Grande-Bretagne* – Lisbonne *Portugal* – Leixoes (Porto) *Portugal* – Algeciras *Espagne* – Le Pirée *Grèce* – Palerme *Sicile Italie* – Naples *Italie* – Rotterdam *Hollande* – Felixstowe *Grande-Bretagne*
(Transeste) p. 293

45 Felixstowe *Grande-Bretagne* – Algeciras *Espagne* – Le Pirée *Grèce* – Izmir *Turquie* – Salonique *Grèce* – Le Pirée *Grèce* – Algeciras *Espagne* – Rotterdam *Hollande* – Felixstowe *Grande-Bretagne*
(H.W. Janssen) p. 225

46 Gdynia *Pologne* – Aarhus *Danemark* – *Turquie* – Alexandrie *Egypte* ou *Israël* – Casablanca *Maroc* – Gdynia *Pologne* **(Polish Ocean Lines) p. 270**

47 Rotterdam *Hollande* – Algeciras *Espagne* – Le Pirée *Grèce* – Izmir *Turquie* – Salonique *Grèce* – Le Pirée *Grèce* – Algeciras *Espagne* –Felixstowe *Grande-Bretagne* – Rotterdam *Hollande*
(Containerships Reederi) p. 197

48 Felixstowe *Grande-Bretagne* – Anvers *Belgique* – Rotterdam *Hollande* – Hambourg *Allemagne* – Brême *Allemagne* – Limassol *Chypre* – Ashdod *Israël* – Haïfa *Israël* – Felixstowe *Grande-Bretagne*
(H.W. Janssen) p. 225

49 Anvers *Belgique* – Felixstowe *Grande-Bretagne* – Alexandrie *Egypte* – Ashdod *Israël* – Haïfa *Israël* – Limassol *Chypre* – éventuellement : Naples *Italie* – Lisbonne *Portugal* – Hambourg *Allemagne* – Brême *Allemagne* – Anvers *Belgique* – Rotterdam *Hollande* – Felixstowe *Grande-Bretagne*
(Mediterranean Shipping Company) p. 247

50 Hambourg *Allemagne* – Brême *Allemagne* – Limassol *Chypre* – Ashdod *Israël* – Haïfa *Israël* – Felixstowe *Grande-Bretagne* – Anvers *Belgique* – Rotterdam *Hollande* – Hambourg *Allemagne*
(Agent : Hamburg-Süd) p. 308

51 Brême *Allemagne* – Felixstowe *Grande-Bretagne* – Anvers *Belgique* – Tripoli *Lybie* – Cartagena *Espagne* – Brême **(Agent : Margis Reiseagentur) p. 315**

52 Aarhus *Danemark* ou Hambourg *Allemagne* ou Anvers *Belgique* – Casablanca *Maroc* ou La Valette *Malte* – Alexandrie *Egypte* – Beyrouth *Liban* – Lattaquié *Syrie* – Limassol *Chypre* – Mersin *Turquie* – Port d'*Europe de l'Ouest*
(Polish Ocean Lines) p. 270

53 Hambourg *Allemagne* – Rotterdam *Hollande* – Anvers *Belgique* – Alexandrie *Egypte* – Port Saïd *Egypte* – Beyrouth *Liban* – Tartus *Syrie* – Lattaquié *Syrie* – Izmir ou Mersin *Turquie* – Salerne *Italie* – Felixstowe *Grande-Bretagne* – Hambourg ou Brême *Allemagne*
(Agent : Hamburg-Süd) p. 308

54 Hambourg ou Brême *Allemagne* – Rotterdam *Hollande* – Anvers *Belgique* – Alexandrie *Egypte* – Port Saïd *Egypte* – Beyrouth *Liban* – Lattaquié *Syrie* – Mersin ou Izmir *Turquie* – Felixstowe *Grande-Bretagne* – Hambourg *Allemagne*
(Agent : Hamburg-Süd) p. 308

Vers les îles de l'Atlantique, l'Afrique de l'Ouest et du Sud :

55 Rotterdam *Hollande* – Anvers *Hollande* – Felixstowe *Grande-Bretagne* – Cadix *Espagne* – Gibraltar – Tanger *Maroc* – Casablanca *Maroc* – Cadix *Espagne* – Rotterdam *Hollande*
(Agent : Hamburg-Süd) p. 308

56 Rotterdam *Hollande* – Las Palmas, Tenerife *Iles Canaries* – Vigo *Espagne* – Le Havre *France* – Rotterdam *Hollande*
(Agent : Hamburg-Süd) p. 308

57 Rotterdam *Hollande* ou Anvers *Belgique* – Leixoes (Porto) *Portugal* – Aveiro *Portugal* – Lisbonne *Portugal* – Las Palmas *Iles Canaries* – Tenerife *Iles Canaries* – Lisbonne *Portugal* – Aveiro *Portugal* – Rotterdam *Hollande* ou Anvers *Belgique*
(Agent : Hamburg-Süd) p. 308

58 Hambourg *Allemagne* – Anvers *Belgique* – Las Palmas *Iles Canaries* – Dakar *Sénégal* – Freetown *Sierra Leone* – Monrovia *Libéria* – Abidjan *Côte-d'Ivoire* – Tema *Ghana* – Lagos *Nigeria* – Douala *Cameroun* – Port d'*Europe de l'Ouest*
(Polish Ocean Lines) p. 270

59 Valencia *Espagne* – Barcelone *Espagne* – Sète *France* – Marseille *France* – Gênes *Italie* – Las Palmas *Iles Canaries* – Dakar *Sénégal* – éventuellement: Tema *Ghana* , Lomé *Togo* , Lagos *Nigeria* , Owendo (Libreville) *Gabon* – Port-Gentil *Gabon* – Douala *Cameroun* – Sekondi-Takoradi *Ghana* – *Port de Méditerranée*
(Nautilus Line) p. 257

60 Hambourg *Allemagne* – Anvers *Belgique* – Le Havre *France* – Dakar *Sénégal* – Abidjan *Côte d'Ivoire* – Tema *Ghana* – Lomé *Togo* – Cotonou *Bénin* – Douala *Cameroun* – Delfzijl *Hollande* – Hambourg *Allemagne*
(Deutsche Seedeererei Rostock) p. 199

61 Tilbury *Grande-Bretagne* – Hambourg *Allemagne* – Rotterdam *Hollande* – Anvers *Belgique* – Dakar *Sénégal* – Conakry *Guinée* – Monrovia *Liberia* – Lagos *Nigeria* – Douala *Cameroun* – Tema *Ghana* –Paranagua *Brésil* – Santos *Brésil* – Rio de Janeiro *Brésil* – Le Havre *France* – Tilbury *Grande-Bretagne*
(Grimaldi Lines) p. 213

62 Anvers *Belgique* – Le Havre *France* – Lisbonne *Portugal* – Boma *Zaïre* – Matadi *Zaïre* – Douala *Cameroun* – Santa Cruz de Tenerife *Iles Canaries* – Anvers *Belgique*
(Compagnie Maritime Zaïroise) p. 191

63 Cardiff *Grande-Bretagne* – Tenerife *Iles Canaries* – Sainte-Hélène – Le Cap *Afrique du Sud* – Sainte-Hélène – Ile de l'Ascencion – Tenerife *Iles Canaries* – Cardiff *Grande-Bretagne*
(St Helena Shipping Company) p. 286

64 Hambourg *Allemagne* – Anvers *Belgique* – Durban *Afrique du Sud* – Richards Bay ou East London *Afrique du Sud* – éventuellement Abidjan *Côte-d'Ivoire* – Liverpool *Grande-Bretagne* – Hambourg *Allemagne* **(Agent : Hamburg-Süd) p. 308**

65 Felixstowe *Grande-Bretagne* – Le Cap *Afrique du Sud* – Port Elizabeth *Afrique du Sud* – Durban *Natal Afrique du Sud* – Port Elizabeth *Afrique du Sud* – Le Cap *Afrique du Sud* – Anvers *Belgique* – Rotterdam *Hollande* – Felixstowe *Grande-Bretagne*
(Mediterranean Shipping Company) p. 247

66 Tilbury *Grande-Bretagne* – Le Havre *France* – Le Cap *Afrique du Sud* – Zeebrugge *Belgique* – Tilbury *Grande-Bretagne*
(Safmarine) p. 284

67 Tilbury *Grande-Bretagne* – Le Cap *Afrique du Sud* – Port Elizabeth *Afrique du Sud* – Durban *Natal Afrique du Sud* – Port Elizabeth *Afrique du Sud* – Le Cap *Afrique du Sud* – Tilbury *Grande-Bretagne*
(P&O Containers) p. 266

Vers la Mer Rouge, l'Afrique de l'Est et les îles de l'océan Indien :

68 Thamesport *Grande-Bretagne* – Anvers *Belgique* – Rotterdam *Hollande* – Le Havre *France* – Le Pirée *Grèce* – Suez *Egypte* – Djedda *Arabie Saoudite* – Hodeïda *Yemen* – Yanbu *Arabie Saoudite* – Salerne *Italie* – Valencia *Espagne* – Thamesport *Grande-Bretagne*
(N.S.B.) p. 259

69 Rotterdam *Hollande* – Le Havre *France* – Le Pirée *Grèce* – Suez *Egypte* – Djedda *Arabie Saoudite* – Hodeïda *Yemen* – Aqaba *Jordanie* – Yanbu *Arabie Saoudite* – Port-Soudan *Soudan* – Suez *Egypte* – Salerne *Italie* – Valencia *Espagne* – Thamesport *Grande-Bretagne* – Anvers *Belgique* – Rotterdam *Hollande*
(Concordia Shipping Line) p. 195

70 Felixstowe *Grande-Bretagne* – Livourne ou Naples *Italie* – Canal de Suez – Djibouti – Dar es-Salaam *Tanzanie* – Tanga *Tanzanie* – Mombasa *Kenya* – Dar es-Salaam *Tanzanie* – Djibouti – Canal de Suez – Naples *Italie* – Livourne *Italie* – Felixstowe *Grande-Bretagne*
(Mediterranean Shipping Company) p. 247

71 Hambourg *Allemagne* – Anvers *Belgique* – Felixstowe *Grande-Bretagne* – Marseille *France* – Canal de Suez – Djibouti – Dar es-Salaam *Tanzanie* – Mombasa *Kenya* – Djibouti – Port-Soudan *Soudan* – Canal de Suez – Le Havre *France* – Hambourg *Allemagne*
(Ahrenkiel) p. 167

72 *Suède* ou Anvers *Belgique* – Port-Soudan *Soudan* – Aqaba *Jordanie* – Djedda *Arabie Saoudite* – Mombasa *Kenya* ou Dar es-Salaam *Tanzanie* – Iles Comores – Le Cap *Afrique du Sud* – Port d'*Afrique de l'Ouest* – Port d'*Europe de l'Ouest*
(Polish Ocean Lines) p. 270

73 Felixstowe *Grande-Bretagne* – Dunkerque *France* – Rouen *France* – Nantes *France* – Pointe-des-Galets *La Réunion* – Port-Louis *Ile Maurice* – Tamatave *Madagascar* – Anvers *Belgique* – Felixstowe *Grande -Bretagne*
(Mediterranean Shipping Company) p. 247

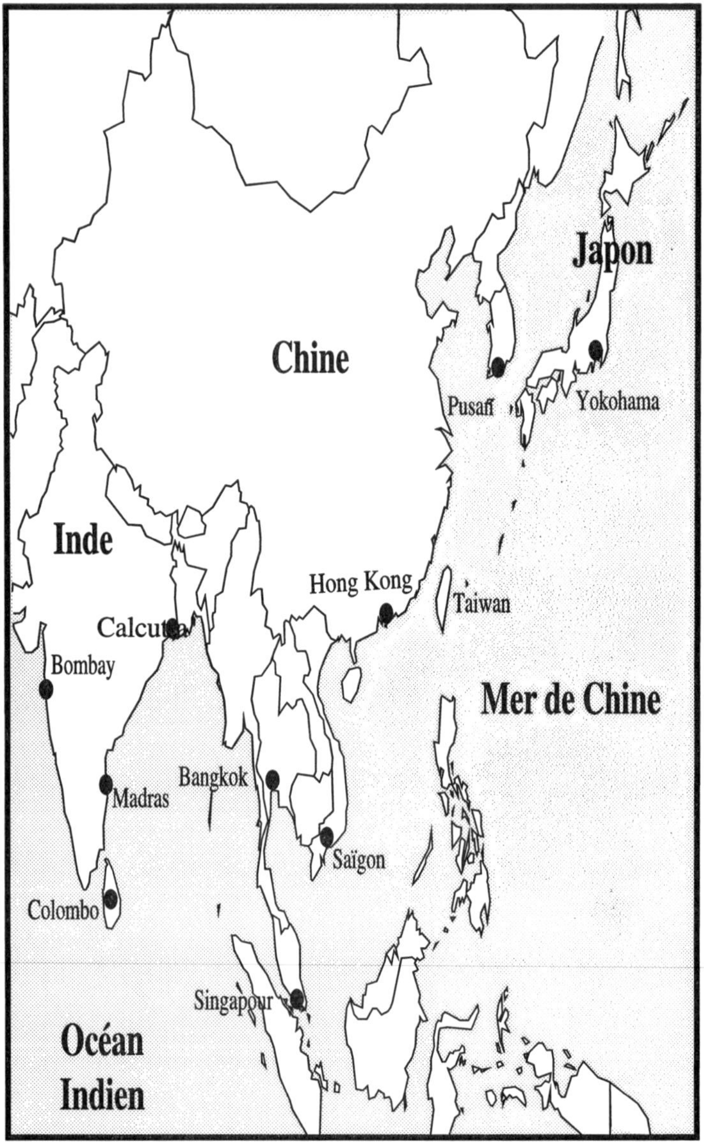

Japon
Chine
Pusan
Yokohama
Inde
Hong Kong
Taiwan
Calcutta
Bombay
Mer de Chine
Bangkok
Madras
Saïgon
Colombo
Singapour
Océan
Indien

L'EUROPE
ET
L'INDE, L'ASIE,
L'EXTRÊME-ORIENT,
L'AUSTRALIE,
LA NOUVELLE-ZÉLANDE,
LE PACIFIQUE

Vers l'Inde :

74 Hambourg *Allemagne* – Anvers *Belgique* – Canal de Suez – Aqaba *Jordanie* – Dubaï *Emirats Arabes Unis* – Karachi *Pakistan* – Bombay *Inde* – Canal de Suez – Felixstowe *Grande-Bretagne* – Hambourg *Allemagne*
(N.S.B.) p. 259

75 Hambourg *Allemagne* ou Brême *Allemagne* – Karachi *Pakistan* – Bombay *Inde* – Colombo *Sri Lanka* – Madras *Inde* – Calcutta *Inde* – Anvers *Belgique*
(Polish Ocean Lines) p. 270

76 Hambourg *Allemagne* – Felixstowe *Grande-Bretagne* – Rotterdam *Hollande* – Canal de Suez – Al Fujayrah *Emirats Arabes Unis* – Karachi *Pakistan* – Bombay *Inde* – Colombo *Sri Lanka* – Karachi *Pakistan* – Canal de Suez – Hambourg *Allemagne*
(Agent : Frachtschiff-Touristik) p. 301

77 Charleston *Caroline du Sud USA* – Norfolk *Virginie USA* – Port Elizabeth *New Jersey USA* – Algeciras *Espagne* – Canal de Suez – Jebel Ali *Emirats Arabes Unis* – Nawa Shiwa (Bombay) *Inde* – *Malte* – Algeciras *Espagne* – Charleston *Caroline du Sud USA*
(Containerships Reederi) p. 197

Vers l'Asie du Sud-Est, l'Extrême-Orient, l'Australie et la Nouvelle-Calédonie :

Pour ces destinations, voir aussi les
"lignes tour du monde" p. 139

78 Port d'*Europe de l'Ouest* – Canal de Suez – Singapour – Djakarta *Java* – Surabaya *Java* – Bangkok *Thaïlande* – Saïgon *Viêt-nam* – Port de l'*Europe de l'Ouest*
(Polish Ocean Lines) p. 270

79 Thamesport *Grande-Bretagne* – Le Havre *France* – Damiette *Egypte* – Djedda *Arabie Saoudite* – Al Fujayrah *Emirats Arabes Unis* – Singapour – Hong Kong – Pusan *Corée du Sud* – Kobe *Japon* – Yokohama *Japon* – Keelung (Chilung) *Taiwan* – Hong Kong – Singapour – Colombo *Sri Lanka* – Damiette *Egypte* – Marseille *France* – Barcelone *Espagne* – Hambourg *Allemagne* – Rotterdam *Hollande* – Anvers *Belgique* – Thamesport *Kent Grande-Bretagne*
(N.S.B.) p. 259

80 Valencia *Espagne* – Fos-sur-Mer *France* – La Spezia *Italie* – Larnaka *Chypre* – Port Saïd/Suez *Egypte* – Djedda *Arabie Saoudite* – Khor Fakkan *Emirats Arabes Unis* – Singapour – Kaohsiung *Taiwan* – Hong Kong – Singapour – Khor Fakkan *Emirats Arabes Unis* – Djedda *Arabie Saoudite* – Suez/Port Saïd *Egypte* – Larnaka *Chypre* – Valencia *Espagne*

(N.S.B.) p. 259

81 Felixstowe *Grande-Bretagne* – Hambourg *Allemagne* – Rotterdam *Hollande* – Dunkerque *France* – Barcelone *Espagne* – Fos-sur-mer *France* – La Spezia *Italie* – Port Saïd *Egypte* – Canal de Suez – Melbourne *Australie* – Sydney *Australie* – *Nouvelle-Calédonie* – Keelung (Chilung) *Taiwan* – Hong Kong – Singapour – Canal de Suez – Port Saïd *Egypte* – Salerne *Italie* – Felixstowe *Grande-Bretagne*

(N.S.B.) p. 259

82 Felixstowe *Grande-Bretagne – Afrique du Sud* (arrêts techniques) – Fremantle *Australie* – Sydney *Australie* – Melbourne *Australie*
Le retour d'Australie s'effectue par : Djedda *Arabie Saoudite* – Canal de Suez – Gênes *Italie* – Felixstowe *Grande-Bretagne*
(Mediterranean Shipping Company) p. 247

83 Felixstowe *Grande-Bretagne* – Durban (arrêt technique) *Afrique du Sud* – éventuellement : Fremantle *Australie* – Melbourne *Australie* – Sydney *Australie* – éventuellement : Brisbane *Australie* – Adélaïde *Australie*
(Baltic Shipping Company) p. 170

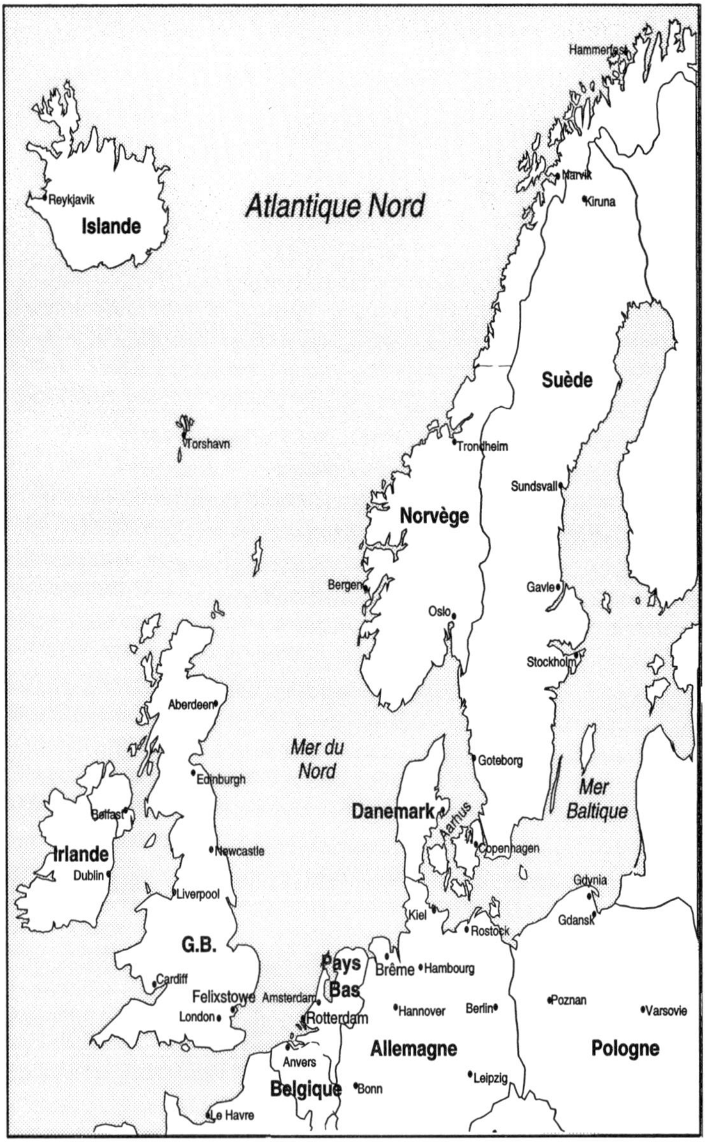

Hammerfest
Narvik
Kiruna
Reykjavik
Islande
Atlantique Nord
Suède
Torshavn
Trondheim
Sundsvall
Norvège
Bergen
Gavle
Oslo
Stockholm
Aberdeen
Mer du Nord
Goteborg
Edinburgh
Mer Baltique
Belfast
Danemark
Aarhus
Irlande
Newcastle
Copenhagen
Dublin
Gdynia
Liverpool
Kiel
Gdansk
Rostock
G.B.
Pays Bas
Brême
Hambourg
Cardiff
Felixstowe
Amsterdam
London
Hannover
Berlin
Poznan
Varsovie
Rotterdam
Allemagne
Pologne
Anvers
Leipzig
Belgique
Bonn
Le Havre

VOYAGES ENTRE

L'EUROPE
ET

LES PAYS NORDIQUES,
LES PAYS DE LA BALTIQUE,
LA RUSSIE

86 Felixstowe *Grande-Bretagne* – Flushing *Hollande* – Hambourg *Allemagne* – Saint-Pétersbourg *Russie* – Kotka *Finlande* – Hambourg *Allemagne* – Rotterdam *Hollande* – Felixstowe *Grande-Bretagne*
(Baltic Shipping Company) p. 170

87 Tilbury *Grande-Bretagne* – Middlesbrough *Grande Bretagne* – Gdynia *Pologne* – Tilbury *Grande-Bretagne*
(Polish Ocean Lines) p. 270

88 **Voyage côtier en Norvège :**
Bergen – Floro – Maloy – Torvik – Alesund – Molde – Kristiansund – Trondheim – Rorvik – Bronnoysund – Sandnessjoen – Nesna – Ornes – Bodo – Stamsund – Svolvaer – Stokmarknes – Sortland – Risoyhamn – Harstad – Finnsnes – Tromso – Skjervoy – Oksfjord – Alta – Hammerfest – Havoysund – Honningsvag – Kjollefjord – Mehamn – Berlevag – Batsfjord – Vardo – Vadso – Kirkenes – Bergen
(Hurtigruten) p. 223

Tours du monde vers l'Ouest :

89 Brême *Allemagne* — Felixstowe *Grande-Bretagne* — Anvers *Belgique* — Le Havre *France* — New York *USA* — Norfolk *Virginie USA* — Savannah *Géorgie USA* — Cristobal *Canal de Panama* — Long Beach *Californie USA* — Oakland *Californie USA* — Yokohama *Japon* — Osaka *Japon* — Pusan *Corée du Sud* — Kaohsiung *Taiwan* — Hong Kong — Singapour — Canal de Suez — Port Saïd *Egypte* — Rotterdam *Hollande* — Brême *Allemagne*

(N.S.B.) **p. 259**

90 Brême *Allemagne* – Anvers *Belgique* – Felixstowe *Grande-Bretagne* – Philadelphie *New Jersey USA* – Jacksonville *Floride USA* – Canal de Panama – Long Beach *Californie USA* – Oakland *Californie USA* – Yokohama *Japon* – Pusan *Corée du Sud* – Kaohsiung *Taiwan* – Hong Kong – Singapour – Canal de Suez – Rotterdam *Hollande* – Brême *Allemagne*
(Senator Line) p. 288

91 Rotterdam *Hollande* – Felixstowe *Grande-Bretagne* – Le Havre *France* – New York *USA* – Norfolk *Virginie USA* – Savannah *Géorgie USA* – Canal de Panama – Papeete *Polynésie française* – Auckland *Nouvelle-Zélande* – Sydney *Australie* – Melbourne *Victoria Australie* – Singapour – Port Kelang *Malaisie* – Colombo *Sri Lanka* – Canal de Suez – Alexandrie *Egypte* – La Spezia *Italie* – Rotterdam *Hollande*
(N.S.B.) p. 259

92 Hull *Grande-Bretagne* – Anvers *Belgique* – Dunkerque *France* – Le Havre *France* – Canal de Panama – Papeete *Tahiti* – éventuellement : Apia *Iles Samoa* – Savu Savu *Fidji* – Suva *Fidji* – Lautoka *Fidji* – Nouméa *Nouvelle-Calédonie* – Port Vila *Vanuatu* – Santo *Vanuatu* – Honiara *Iles Salomon* – Yandina *Iles Salomon* – Noro *Iles Salomon* – Port Moresby *Papouasie-Nouvelle-Guinée* – Oro Bay *Papouasie-Nouvelle-Guinée* – Lae *Papouasie-Nouvelle-Guinée* – Madang *Papouasie-Nouvelle-Guinée* – Kimbe (New Britain) *Papouasie-Nouvelle-Guinée* – Rabaul (New Britain) *Papouasie-Nouvelle-Guinée* – Darwin *Australie* – Surabaya *Java* – Singapour – Colombo *Sri Lanka* – Canal de Suez – Algeciras *Espagne* – Rotterdam *Hollande* – Hambourg *Allemagne* – Hull *Grande-Bretagne*

(Bank Line) p. 173

93 Long Beach *Californie USA* – Oakland *Californie USA* – Yokohama *Japon* – Osaka *Japon* – Pusan *Corée du Sud* – Kaohsiung *Taiwan* – Hong Kong – Singapour – Anvers *Belgique* – Rotterdam *Hollande* – Felixstowe *Grande-Bretagne* – Brême *Allemagne* – New York *USA* – Norfolk *Virginie USA* – Savannah *Géorgie USA* –
Long Beach *Californie USA.*
(Hanseatic Marine) p. 216

94 Long Beach *Californie USA* – Oakland *Californie USA* – Yokohama *Japon* – Osaka *Japon* – Pusan *Corée du Sud* – Hong Kong – Kaohsiung *Taiwan* – Singapour – Colombo *Sri Lanka* – Canal de Suez – Anvers *Belgique* – Rotterdam *Hollande* – Felixstowe *Grande-Bretagne* – Brême *Allemagne* – New York *USA* – Norfolk *Virginie* – Savannah *Géorgie USA* – Canal de Panama – Long Beach *Californie USA*
(Deutsche Seerederei Rostock) p. 199

Tours du monde vers l'Est :

95 Felixstowe *Grande-Bretagne* – Haïfa *Israël* – Canal de Suez – Singapour – Fremantle *Australie* (occasionnellement) – Melbourne *Australie* – Sydney *Australie* – Auckland *Nouvelle-Zélande* – Port Chalmers *Nouvelle-Zélande* – Panama – New Orleans *Louisiane USA* – Charleston *Caroline du Sud* – Philadelphie *New Jersey USA* – Halifax *Canada* – Zeebrugge *Belgique* – Felixstowe *Grande-Bretagne* **(ABC Containerline) p. 164**

96 Hamburg *Allemagne* – Rotterdam *Hollande* – Le Havre *France* – Alexandrie *Egypte* – Djedda *Arabie Saoudite* – Mina Quaboos (Mutrah) *Oman* – Singapour – Hong Kong – Pusan *Corée du Sud* – éventuellement : Yokohama et Kobé *Japon* – Keelung (Chilung) *Taiwan* – Kaohsiung *Taiwan* – Hong Kong – Singapour – Colombo *Sri Lanka* – Alexandrie *Egypte* – Marseille *France* – Barcelone *Espagne* – Thamesport *Grande-Bretagne* – Anvers *Belgique* – Hambourg *Allemagne*
(Agent : Hamburg-Süd) p. 308

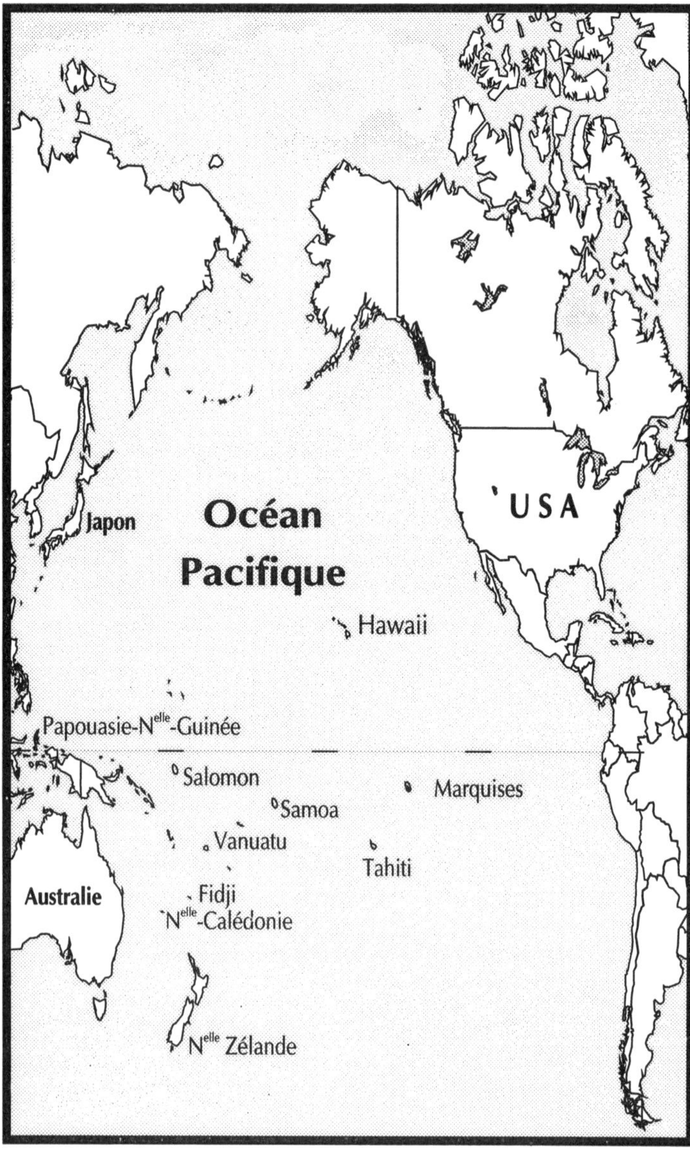
Japon
Océan
Pacifique
USA
Hawaii
Papouasie-Nelle-Guinée
Salomon
Marquises
Samoa
Vanuatu
Tahiti
Australie
Fidji
Nelle-Calédonie
Nelle Zélande

PAYS DU PORT D'ATTACHE :

ETATS UNIS, CANADA

Le port d'attache, d'où le bateau part et revient, est une indication géographique. Cela n'implique aucunement le port d'où doit s'opérer le départ.

Vers l'Amérique latine :

97 Newark *New Jersey USA* – Savannah *Géorgie USA* – Miami *Floride USA* – Rio de Janeiro *Brésil* – Santos *Brésil* – Buenos Aires *Argentine* – Montevideo *Uruguay* – Rio Grande *Brésil* – Itajai *Brésil* – Santos *Brésil* – Rio de Janeiro *Brésil* – Salvador *Brésil* – Fortaleza *Brésil* – San Juan *Puerto Rico* – Norfolk *Virginie USA* – Baltimore *Maryland USA* – Newark *New Jersey USA*
(Ivaran Lines) **p. 230**

98 Savannah *Géorgie USA* – Fernandina Beach *Floride USA* – Santos *Brésil* – Buenos Aires *Argentine* – Montevideo *Uruguay* – Rio Grande *Brésil* – Santos *Brésil* – éventuellement Vitoria *Brésil* – Norfolk *Virginie USA*
(Hanseatic Marine) p. 216

99 Port américain du Golfe du Mexique *USA* – *Pérou* – Arica *Chili* – Buenaventura *Colombie* – Guayaquil *Equateur* – *USA*
(Lykes Line) p. 235

100 Los Angeles *Californie USA* – Deux ports en *Equateur* – éventuellement Panama – Los Angeles *USA*
(Leonhardt & Blumberg) p. 232

101 Los Angeles *Californie USA* – Guayaquil *Equateur* – Callao *Pérou* – Arica *Chili* – Iquique *Chili* – Antofagasta *Chili* – Valparaiso *Chili* – San Antonio *Chili* – Los Angeles *USA*
(Chilean Line) p. 183

Vers le Pacifique Sud :

102 Jacksonville *Floride USA* – Houston *Texas USA* – Canal de Panama – Melbourne *Australie* – Sydney *Australie* – éventuellement : Brisbane *Australie* – éventuellement : Port Chalmers *Nouvelle-Zélande* – Wellington *Nouvelle-Zélande* – Auckland *Nouvelle-Zélande* – Canal de Panama – éventuellement Kingston *Jamaïque* – Philadelphie *Pennsylvanie USA*
(Columbus Line) **p. 185**

103 Los Angeles *Californie USA* – Auckland *Nouvelle-Zélande* – Sydney *Australie* – Melbourne *Australie* – Wellington *Nouvelle-Zélande* – Auckland *Nouvelle-Zélande* – éventuellement : Honolulu *Hawaii* – Seattle *Washington USA*
(Columbus Line) **p. 185**

104 Los Angeles *Californie USA* (ou un autre port de la côte Pacifique *USA*) – Pago Pago *Iles Samoa* – Suva *Fidji* – Auckland *Nouvelle-Zélande* – Lyttleton/Wellington *Nouvelle-Zélande* – éventuellement : Nuku Alofa *Tonga* – Papeete *Tahiti* Honolulu *Hawaii* – Los Angeles *USA* (ou un autre port de la côte Pacifique *USA*)
(Blue Star Line) p. 177

105 Los Angeles *Californie USA* – *Australie* – *Nouvelle-Zélande* – *Californie USA*
(Blue Star Line) p. 177

106 Los Angeles *Californie USA* – Nouméa *Nouvelle-Calédonie* – Sydney *Australie* – Melbourne *Australie* – Auckland *Nouvelle-Zélande* – Nouméa *Nouvelle-Calédonie* – Suva *Fidji* – Seattle *Washington USA*
(Columbus Line) p. 185

Vers l'Asie :

107 Port américain du Golfe du Mexique *USA* – Manille *Philippines* – *Indonésie* – *Malaisie* – parfois Singapour – Golfe du Mexique *USA*
(Lykes Line) p. 235

108 Los Angeles *Californie USA* – Yokohama *Japon* – Nagoya *Japon* – Kobe *Japon* – Pusan *Corée du Sud* – Keelung (Chilung) *Taiwan* – Taizhong *Taiwan* – Kaohsiung *Taiwan* – Hong Kong – Los Angeles *USA*
(Chilean Line) p. 183

109 Los Angeles *Californie USA* – Tokyo *Japon* – Osaka Bay *Japon* – Los Angeles *USA*
(Lconhardt & Blumberg) p. 232

Vers l'Afrique :

110 Port américain du Golfe du Mexique *USA* – Dakar *Sénégal* – Monrovia *Libéria* – Abidjan *Côte-d'Ivoire* – Tema *Ghana* – Douala *Cameroun* – Cabinda *Zaïre* – Le Cap *Afrique du Sud* – Port Elizabeth *Afrique du Sud* – East London *Afrique du Sud* – Durban *Afrique du Sud* – Maputo *Mozambique* – Beira *Mozambique* – Dar es-Salaam *Tanzanie* – Mombasa *Kenya* – Golfe du Mexique *USA*

(Lykes Line) p. 235

Voyages côtiers :

Les voyages côtiers peuvent être assimilés à du cabotage, dans les limites d'un même pays ou avec des pays voisins.

Sur la côte Est du Canada (Québec) :

111 Rimouski – Sept-Iles – Port Menier (Ile Anticosti) – Havre-Saint-Pierre – Baie Johan Beetz – Natashquan – Kegashka – La Romaine – Harrington Harbour – Tête-à-la-Baleine – La Tabatière – Saint Augustin – Vieux-Fort – Blanc-Sablon – Vieux-Fort – Saint Augustin – La Tabatière – Tête-à-la-Baleine – Harrington Harbour – La Romaine – Kegashka – Natashquan – Baie Johan Beets – Havrc-Saint-Pierre – Port-Menier – Sept-Iles – Rimouski
(Relais Nordik) **p. 282**

Sur la côte Est du Canada, (Terre-Neuve et Labrador) :

Au Labrador :

112 Goose Bay – Nain – Goose Bay
(Marine Atlantic Inc.) p. 242

Entre Terre-Neuve et le Labrador :

113 Lewisporte *Terre-Neuve* – Nain *Labrador* –
Lewisporte *Terre-Neuve*
(Marine Atlantic Inc.) p. 242

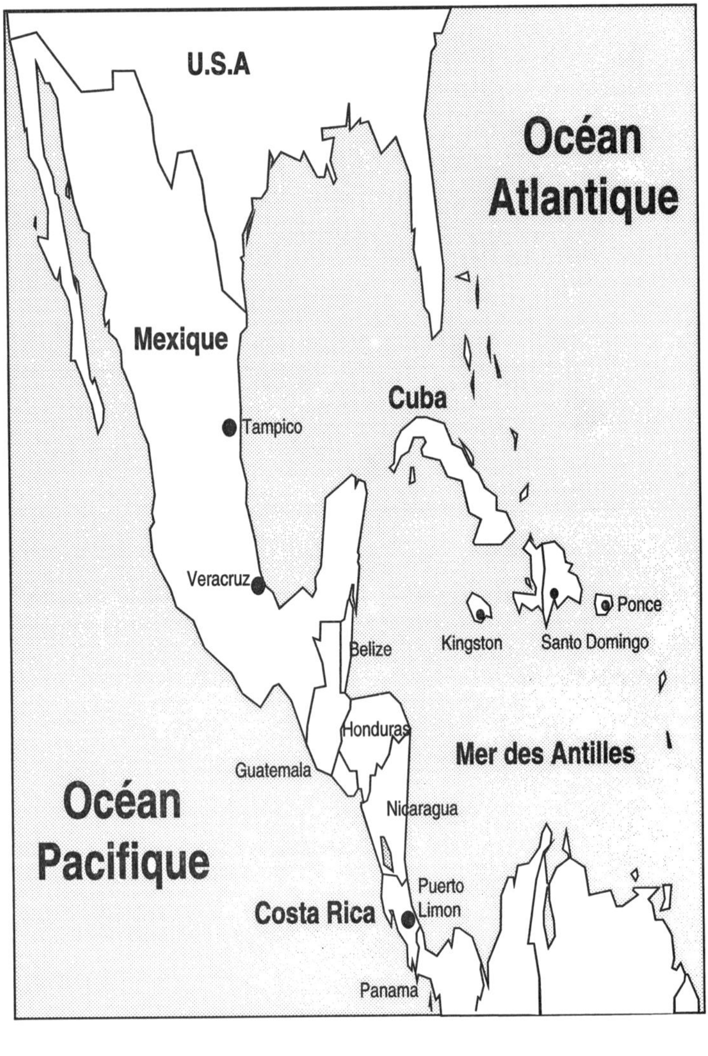
U.S.A
Océan
Atlantique
Mexique
Cuba
Tampico
Veracruz
Ponce
Belize
Kingston
Santo Domingo
Honduras
Mer des Antilles
Guatemala
Océan
Pacifique
Nicaragua
Puerto
Limon
Costa Rica
Panama

VOYAGES NE PASSANT PAS PAR L'EUROPE

PAYS DU PORT D'ATTACHE :

COSTA-RICA

114 Puerto Caldera *Costa Rica* – Manta *Equateur* – *Chili* – *Pérou* – Manta *Equateur* – Buenaventura *Colombie* – Puerto Caldera *Costa Rica* – *Japon* – *Taiwan* – Hong Kong – Singapour – *Corée* – *Japon* – Lazaro Cardenas *Mexique* – Puerto Caldera *Costa Rica*

(Marcon Line) p. 241

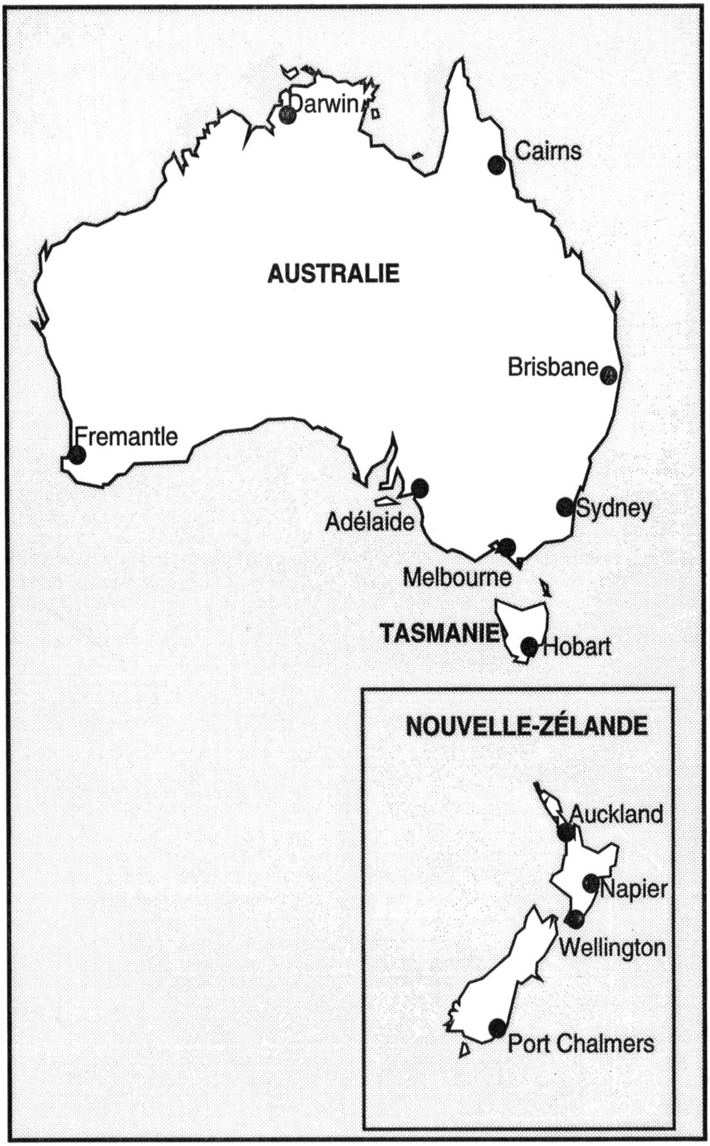
Darwin
Cairns
AUSTRALIE
Brisbane
Fremantle
Adélaide
Sydney
Melbourne
TASMANIE
Hobart
NOUVELLE-ZÉLANDE
Auckland
Napier
Wellington
Port Chalmers

VOYAGES NE PASSANT PAS PAR L'EUROPE

PAYS DU PORT D'ATTACHE :

AFRIQUE
ILE MAURICE

115 Durban *Afrique du Sud* – Pointe-des-Galets *La Réunion* – Port-Louis *Ile Maurice*
(Mediterranean Shipping Company) p. 247

116 Durban *Afrique du Sud* – Fremantle *Australie* – Sydney *Australie* – Melbourne *Australie* – Fremantle *Australie*
(Mediterranean Shipping Company) p. 247

117 Ile Maurice – Ile Rodrigues *Ile Maurice* – Iles de l'Océan Indien telles que La Réunion ou les Seychelles et parfois Durban *Afrique du Sud*
(Mauritius Shipping Corporation) p. 244

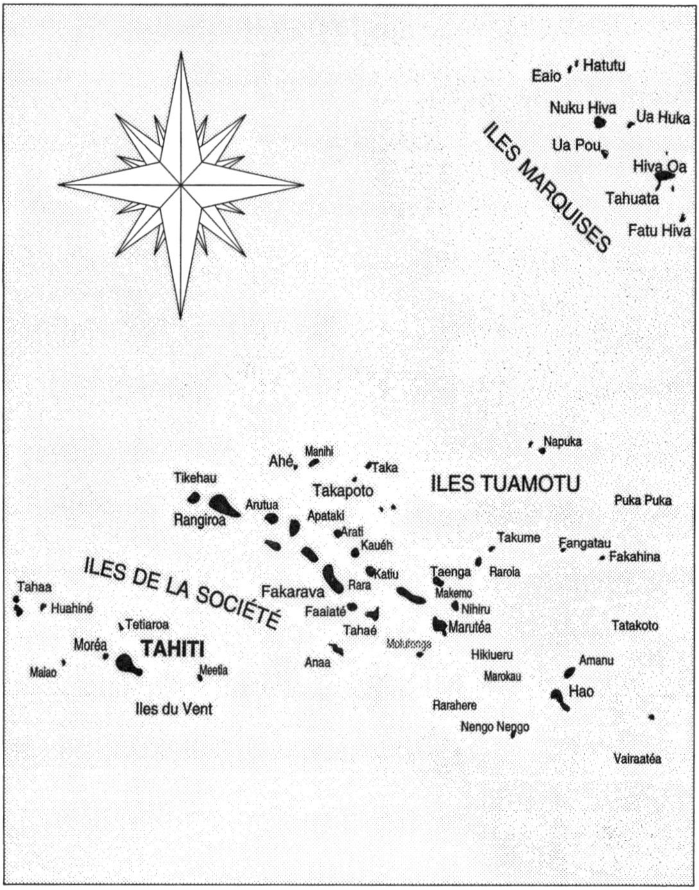
Eaio
Hatutu
Nuku Hiva
Ua Huka
Ua Pou
ILES MARQUISES
Hiva Oa
Tahuata
Fatu Hiva
Napuka
Manihi
Ahé
Taka
Tikehau
ILES TUAMOTU
Takapoto
Puka Puka
Arutua
Rangiroa
Apataki
Arati
Takume
Fangatau
Kauéh
Fakahina
ILES DE LA SOCIÉTÉ
Katiu
Taenga
Rarola
Tahaa
Rara
Makemo
Fakarava
Huahiné
Faaiaté
Nihiru
Tetiaroa
Tahaé
Marutéa
Tatakoto
Moréa
TAHITI
Hikiueru
Amanu
Anaa
Maiao
Meetia
Marokau
Hao
Iles du Vent
Rarahere
Nengo Nengo
Vairaatéa

VOYAGES NE PASSANT PAS PAR L'EUROPE

PAYS DU PORT D'ATTACHE :

AUSTRALIE
EXTRÊME-ORIENT
POLYNÉSIE
INDE ET OCÉAN INDIEN

Voyages entre l'Australie et le Japon :

118 Melbourne *Australie* – Sydney *Australie* – Brisbane *Australie* – Yokkaichi *Japon* – Nagoya *Japon* – Yokohama *Japon* – Osaka *Japon*
Dans l'autre sens :
Yokohama *Japon* – Osaka *Japon* – Melbourne *Australie* – Sydney *Australie* – Brisbane *Australie*
(Australia Japan Containerline) p. 169

119 Sydney *Australie* – Melbourne *Australie* – Brisbane *Australie* – Pusan *Corée du Sud* – Osaka *Japon* – Yokohama *Japon* – Brisbane *Australie* – Melbourne *Australie* – Sydney *Australie*
(Egon Oldendorff) p. 205

120 Melbourne *Australie* – Sydney *Australie* – Brisbane *Australie* – Yokohama *Japon* – Osaka *Japon* – Pusan *Corée du Sud* – Melbourne *Australie*
(Bellavia/Octavia) p. 176

Voyage entre l'Extrême-Orient et le Pacifique Sud :

121 Hong Kong – Keelung (Chilung) *Taiwan* – Pusan *Corée du Sud* – Hiroshima *Japon* – Osaka *Japon* – Nagoya *Japon* – Yokohama *Japon* – Suva *Iles Fidji* ou Nouméa *Nouvelle-Calédonie* – Auckland *Nouvelle-Zélande* – Napier *Nouvelle-Zélande* – Nelson *Nouvelle-Zélande* – Timaru *Nouvelle-Zélande* Tauranga *Nouvelle-Zélande* – Suva *Iles Fidji* ou Nouméa *Nouvelle-Calédonie* – Manille *Philippines* – Hong Kong
(Egon Oldendorff) p. 205

Voyage entre Tahiti et les îles Marquises :

122 Papeete *Tahiti* – Takapoto *Tuamotou* –
Iles Marquises : Ua Pou, Nuku Hiva, Hiva Oa, Fatu Hiva, Hiva Oa, Ua Huka, Nuku Hiva – Rangiroa *Tuamotou* – Bora Bora *Polynésie française* –
Papeete *Tahiti*
(Compagnie Polynésienne de Transport) p. 192

Voyage entre l'Inde et les îles Andaman et Nicobar :

123 Calcutta *Inde* – Madras *Inde* – Vishakhapatnam *Inde* – Port Blair *Iles Andaman Inde* –
Car Nicobar *Iles Nicobar Inde* – Maya Bunder *Iles Nicobar Inde* – Calcutta *Inde*
(Shipping Corporation of India) p. 290

Compagnies
de
navigation

ABC CONTAINERLINE

Agent en Grande-Bretagne :
The Strand Cruise Center
Charing Cross Shopping Concourse
The Strand, London WC2N 4HZ Grande-Bretagne
Tél : (071) 836 63 63 **Fax :** (071) 497 00 78
(Indicatif : 44)

Cette compagnie belge offre des cabines sur trois porte-conteneurs effectuant des tours du monde vers l'Est, par le canal de Suez (contrairement à la plupart des lignes tour du monde qui vont généralement vers l'ouest). A chaque bateau correspond une catégorie plus ou moins luxueuse.

Bateaux :
ELLEN HUDIG (Classe de luxe) construit en 1983, 42 077 tonnes, 9 passagers, 4 cabines doubles, 1 cabine simple. (Cabines avec douche/wc, télévision, frigo), salon vidéo, bar, gymnase, piscine
MARTHA II (Classe cabine) construit en 1984, 41 151 tonnes, 3 passagers, 3 cabines simples
CORNELIS VEROLME (Classe économique) construit en 1983, 42 077 tonnes, 4 passagers, une cabine double, 2 cabines simples (cabines avec douche/wc) salon vidéo, gymnase, piscine

95 **Ligne tour du monde :**
Felixstowe *Grande-Bretagne* – Haïfa *Israël* – Canal de Suez – Singapour – Fremantle *Australie* (occasionnellement) – Melbourne *Australie* – Sydney *Australie* – Auckland *Nouvelle-Zélande* – Port Chalmers *Nouvelle-Zélande (Ile du Sud)* – Canal de Panama – New Orleans *Louisiane USA* – Charleston *Caroline du Sud USA* – Philadelphie *New Jersey USA* – Halifax *Canada* – Zeebrugge *Belgique* – Felixstowe *Grande-Bretagne*
(Voyage circulaire : 100 jours)

Tarifs :
ELLEN HUDIG
Voyage circulaire : 7000 £ / 8500 £
Soit 70 £ / 85 £ par jour

Felixstowe – Fremantle (36 jours) : 2750 £ / 3260 £
Dans l'autre sens (64 jours) : 4680 £ / 5440 £
Felixstowe – Sydney (44 jours) : 3300 £ / 3740 £
Dans l'autre sens (56 jours) : 4200 £ / 4760 £
Felixstowe – Auckland (50 jours) : 3750 £ / 4250 £
Dans l'autre sens (50 jours) : 3750 £ / 4250 £

MARTHA II :
Voyage circulaire : 7000 £
Soit 70 £ par jour

Felixstowe – Fremantle (36 jours) : 2750 £
Dans l'autre sens (64 jours) : 4040 £

Felixstowe – Sydney (44 jours) : 3 300 £
Dans l'autre sens (56 jours) : 3 640 £
Felixstowe – Auckland (50 jours) : 3 750 £
Dans l'autre sens (50 jours) : 3 250 £

CORNELIS VEROLME :
Voyage circulaire : 6 000 £
Soit 60 £ par jour

Felixstowe – Fremantle (36 jours) : 2 360 £
Dans l'autre sens (64 jours) : 4 040 £
Felixstowe – Sydney (44 jours) : 2 860 £
Dans l'autre sens (56 jours) : 3 640 £
Felixstowe – Auckland (50 jours) : 3 250 £
Dans l'autre sens : 3 250 £

Agents en Allemagne :
Frachtschiff-Touristik
Exhoft 12
2341 Maasholm Allemagne
Tél : 0 4642 6202 **Fax :** 0 4642 6767 (Indicatif : 49)

Hamburg-Süd Reiseagentur GmbH,
Ost-West-Strasse 59
D-2000 Hamburg 11 Allemagne
Tél : (040) 3705- 155 **Fax :** (040) 3705-24 20
(Indicatif : 49)

Les bateaux de cette compagnie relient l'Europe du Nord à la Mer Rouge et au Kenya.

71 Hambourg *Allemagne* – Anvers *Belgique* – Felixstowe *Grande-Bretagne* – Marseille *France* – Canal de Suez – Djibouti – Dar es-Salaam *Tanzanie* – Mombasa *Kenya* – Djibouti – Port-Soudan *Soudan* – Canal de Suez – Le Havre *France* – Hambourg *Allemagne*
(Voyage circulaire : 60/65 jours)

Tarifs :
Voyage circulaire : 6000 DM / 8520 DM
Soit 100 DM / 142 DM par jour

Europe – Dar es-Salaam (28/32 jours) : 2500 DM / 4 544 DM
Europe – Mombasa (30 jours) : 3 000 DM / 4 260 DM
Assurance-déviation obligatoire : 200 DM

Bateaux :
Construits en 1981/1984, 25 855 tonnes, 6 passagers, 1 cabine double, 4 cabines simples, piscine

AUSTRALIA JAPAN CONTAINERLINE

Agent en Grande-Bretagne :
The Strand Cruise Center
Charing Cross Shopping Concourse
The Strand, London WC2N 4HZ Grande-Bretagne
Tél : (071) 836 63 63 **Fax** : (071) 497 00 78
(Indicatif : 44)

Cette compagnie australienne assure la liaison entre l'Australie et le Japon.

118 Melbourne *Australie* – Sydney *Australie* – Brisbane *Australie* – Yokkaichi *Japon* – Nagoya *Japon* – Yokohama *Japon* – Osaka *Japon*
(22/23 jours)
Dans l'autre sens : Yokohama *Japon* – Osaka *Japon* – Melbourne *Australie* – Sydney *Australie* – Brisbane *Australie* (30 jours)

Tarifs :
Voyage circulaire au départ d'Australie (42 jours) : 2 300 £
Même prix au départ du Japon
Soit 54 £ par jour
Sydney – Japon : 1 096 £. Même prix dans l'autre sens
Melbourne – Japon : 1 165 £. Même prix dans l'autre sens
Brisbane – Japon : 1 250 £. Même prix dans l'autre sens

Agent en Grande-Bretagne :
The Strand Cruise Center
Charing Cross Shopping Concourse
The Strand, London WC2N 4HZ Grande-Bretagne
Tél : (071) 836 63 63 **Fax :** (071) 497 00 78
(Indicatif : 44)

Compagnie russe dont les bateaux naviguent vers le Pacifique Sud.

Bateaux :
PYOTR MASHEROV : construit en1982, 29 500 tonnes, 6 passagers, 3 cabines doubles
SKULPTOR ZALKASN : construit en 1978, 29 500 tonnes, 6 passagers, 3 cabines doubles
ANATOLIYI VASILJEV : construit en 1981, 37 500 tonnes, 6 passagers, 3 cabines doubles
AKADEMIK GORBUNOV construit en 1986, 29 500 tonnes, 12 passagers, 6 cabines doubles
SMOLENSK : construit en 1981, 37 500 tonnes, 8 passagers, 4 cabines doubles
SKULTOR KONENKOV : construit en 1975, 29 500 tonnes, 6 passagers, 3 cabines doubles
MAGNITOGORSK : construit en 1976, 37 500 tonnes, 8 passagers, 4 cabines doubles

GEORGIY PYASETSKIY : construit en 1982, 29 500 tonnes, 6 passagers, 3 cabines doubles

Dans tous les bateaux : salon vidéo, gymnase, piscine, et souvent présence d'un médecin à bord.

Conditions :
Age maximum : 80 ans

83 Felixstowe *Grande-Bretagne* – Durban (arrêt technique) *Afrique du Sud* – éventuellement : Fremantle *Australie* – Melbourne *Australie* – Sydney *Australie* – éventuellement : Brisbane *Australie* – Adélaïde *Australie* (Durée : 31 à 39 jours)

Tarifs :
Felixstowe – Fremantle (31 jours) : 1 860 £ / 2325 £
Soit 60 £ / 75 £ par jour
Felixstowe – Sydney (35 jours) : 2 100 £ / 2625 £
Felixstowe – Brisbane (37 jours) : 2 220 £ / 2775 £

Le retour d'Australie s'effectue par : Djedda *Arabie Saoudite* – Canal de Suez – Gênes *Italie* – Felixstowe *Grande-Bretagne* (Durée : 29 à 42 jours)

Tarifs :
Sydney – Felixstowe (42 jours) : 2520 £ / 3 150 £
Melbourne – Felixstowe (36 jours) : 2100 £ / 2700 £
Fremantle – Felixstowe (29 jours) : 1740 £ / 2175 £

86 Felixstowe *Grande-Bretagne* – Flushing *Hollande* – Hambourg *Allemagne* – Saint-Pétersbourg *Russie* – Kotka *Finlande* – Hambourg *Allemagne* – Rotterdam *Hollande* – Felixstowe *Grande-Bretagne* (Voyage circulaire : environ 22 jours, avec 4 à 7 nuits d'hôtel à Saint-Pétersbourg comprises dans le prix du voyage)

Tarifs :
Voyage circulaire : 1 450 £ / 1 815 £ (incluant l'hôtel)
Soit 65 £ / 82 £ par jour

Dexter House
2 Royal Mint Court,
London EC3N 4XX   Grande-Bretagne
Tél : (071) 265 08 08 **Fax :** (071) 481 47 84
(Indicatif: 44)

Agent en Grande-Bretagne :
The Strand Cruise Center
Charing Cross Shopping Concourse
The Strand,   London WC2N 4HZ Grande-Bretagne
Tél : (071) 836 63 63   **Fax :** (071) 497 00 78
(Indicatif : 44)

Agent aux USA :
Freighter World Cruises
180 South Lake Avenue, Suite 335
Pasadena, California 91101   USA
Tél : (818) 449 31 06   **Fax :** (818) 449 95 73
(Indicatif : 1)

Fondée en 1885, la compagnie Bank Line appartient au groupe Andrew Weir et ses bateaux naviguent depuis plus de 80 ans dans le Pacifique Sud.

En 1990, la compagnie a décidé de transformer trois de ses cargos de façon à recevoir 9 passagers chacun. Le succès de cette ligne "tour du monde" par le Pacifique Sud est tel qu'un 4e cargo a été converti pour accueillir plus de passagers.

Les accomodations des bateaux sont du type $1^{\text{è}}$ classe. Les espaces réservés aux passagers sont spacieux et élégants, les cabines sont toutes équipées d'une radio, d'une vidéo permettant de regarder des films, et même d'un petit coin où l'on peut se faire du thé ou du café.

Ce voyage en cargo est l'un des plus attractifs qui soit, car il parcourt, depuis longtemps déjà, de nombreuses îles du Pacifique Sud difficiles d'accès : Polynésie, Samoa, Fidjis, Nouvelle-Calédonie, Vanuatu, îles Salomon et Papouasie-Nouvelle-Guinée...

Ces voyages autour du monde sont généralement réservés longtemps à l'avance, parfois 4 ans auparavant ! La basse-saison se situe entre juin et août.

Ces voyages sont généralement réservés pour être circulaires, mais si vous désirez n'en faire qu'un segment, vous pouvez néanmoins vous inscrire sur une liste d'attente et espérer-obtenir une confirmation 6 semaines avant le départ.

92 **Ligne tour du monde :**
Hull *Grande-Bretagne* – Anvers *Belgique* – Dunkerque *France* – Le Havre *France* – Canal de Panama – Papeete *Tahiti* – éventuellement : Apia *Iles Samoa* – Savu Savu *Fidji* – Suva *Fidji* – Lautoka *Fidji* – Nouméa *Nouvelle-Calédonie* – Port Vila *Vanuatu* – Santo *Vanuatu* – Honiara *Iles Salomon* – Yandina *Iles Salomon* – Noro *Iles Salomon* – Port Moresby *Papouasie-Nouvelle-Guinée* – Oro Bay *Papouasie-Nouvelle-Guinée* – Lae *Papouasie-Nouvelle-Guinée* – Madang *Papouasie-Nouvelle-Guinée* – Kimbe (New Britain) *Papouasie-Nouvelle-Guinée* –

Rabaul (New Britain) *Papouasie-Nouvelle-Guinée* – Darwin *Australie* – Surabaya *Java* – Singapour – Colombo *Sri Lanka* – Canal de Suez – Algeciras *Espagne* – Rotterdam *Hollande* – Hambourg *Allemagne* – Hull *Grande-Bretagne*
(Voyage circulaire : 110 / 130 jours)

Tarifs :
Voyage circulaire : 9 990 $ (de juin à août) / 11 750 $ (d'août à octobre)
Soit 90 $ /106 $ par jour. Prix particuliers pour les segments entre 2 escales

Le Havre – Papeete : 23 jours
Le Havre – Nouméa : 36 jours
Papeete – Singapour : 48 jours
Nouméa – Rotterdam : 62 jours

Bateaux :
CLYDEBANK, IVYBANK, FORTHBANK, MORAYBANK : vraquiers et porte-conteneurs construits en 1973/74, 15 460 tonnes, modifiés pour recevoir des passagers en 1989/90, 9 passagers, (cabines avec douches/wc, vidéo, radio, frigo), salon, bar, véranda, piscine

Conditions :
Age maximum : 82 ans

BELLAVIA / OCTAVIA SHIPPING & TRADING

Agent en Grande-Bretagne :
The Strand Cruise Center
Charing Cross Shopping Concourse
The Strand, London WC2N 4HZ Grande-Bretagne
Tél : (071) 836 63 63 **Fax :** (071) 497 00 78
(Indicatif : 44)

Compagnie assurant la liaison entre l'Australie et le Japon.

120 Melbourne *Australie* – Sydney *Australie* – Brisbane *Australie* – Yokohama *Japon* – Osaka *Japon* – Pusan *Corée du Sud* – Melbourne *Australie*
(Voyage circulaire : environ 43 jours)

Tarifs :
Brisbane – Yokohama (13 jours) : 860 £ / 1 025 £
Soit 66 £ / 78 £ par jour
Melbourne – Yokohama (22 jours) : 1 255 £ / 1 530 £
Yokohama – Melbourne (21 jours) : 1 220 £ / 1 470 £
Yokohama – Sydney (25 jours) : 1 390 £ / 1 670 £
Yokohama – Brisbane (30 jours) : 1 610 £ / 1 980 £

BLUE STAR LINE

Albion House, 20 Queen Elizabeth street
London SE1 2LS, Grande-Bretagne
Tél : (071) 407 23 45 (Indicatif : 44)

Agent aux Etats-Unis :
One World Trade Center, Suite 8101
New York, N.Y. 10048 USA
Tél : (212) 775 15 00 **Fax :** (212) 938 05 16
(Indicatif : 1)

En 1907, les Frères Vestey établirent en Grande-Bretagne une compagnie d'entrepôts frigorifiques. Dès 1909, il leur apparut nécessaire d'acquérir deux vaisseaux réfrigérés pour assurer le transport de viande en provenance d'Amérique du Sud.

Peu à peu le nombre des bateaux s'accrut, incluant même cinq paquebots mis en service pendant l'entre-deux guerres. La ligne desservait aussi bien l'Afrique du Sud que l'Australasie et l'Amérique du Nord.

Blue Star Line possède aujourd'hui une large flotte de porte-conteneurs et des bateaux spécialisés dans le transport des produits frais sur le monde entier. Elle est en outre associée à d'autres compagnies, membres du groupe Vestey.

Mais c'est surtout depuis la fusion entre Blue Star et ACT/PACE en 1992, et l'acquisition de nouveaux navires comme le COLUMBIA STAR, que cette compagnie se présente comme l'une des plus importantes pour transporter les passagers vers le Pacifique Sud.

35 Tilbury *Grande-Bretagne* – Hambourg *Allemagne* – Brême *Allemagne* – Anvers *Belgique* – Salvador *Brésil* – Santos *Brésil* – Salvador *Brésil* – Recife *Brésil* – Rotterdam *Hollande* – Tilbury *Grande-Bretagne*
(Voyage circulaire : 49 jours)
L'itinéraire peut varier et inclure d'autres ports : Montevideo *Uruguay* – Rio Grande, Itajai, *Brésil*

Tarifs :
Voyage circulaire : 2950 £
Soit 60 £ par jour

Anvers – Recife : 840 £. Dans l'autre sens : 1300 £
Anvers – Montevideo : 1 260 £. Dans l'autre sens : 1950 £
Tilbury – Recife : 1 190 £. Dans l'autre sens : 1040 £
Tilbury – Montevideo : 1610 £. Dans l'autre sens : 1690 £
Recife – Rotterdam : 975 £

Bateau :
ARGENTINA STAR : 22635 tonnes, 12 passagers, 5 cabines doubles, 2 cabines simples, salon, bar, buanderie, gymnase, petite piscine

Fréquence :
Toutes les sept semaines

Conditions :
Age maximum : 80 ans. Certificat médical demandé après 70 ans. Bagages gratuits : 4 valises par personne

A noter :

Il arrive que ce bateau passe deux fois par le même port au cours du même voyage. Il est alors possible de faire escale dans cet endroit pour quelques jours en attendant le retour du cargo.

De même, les passagers qui le désirent peuvent faire une escale de plusieurs semaines en Amérique du Sud en attendant la prochaine rotation du bateau pour le retour.

104 Los Angeles *Californie USA* (ou un autre port de la côte Pacifique *USA*) – Pago Pago *Iles Samoa* – Suva *Fidji* – Auckland *Nouvelle-Zélande* – Lyttleton/Wellington *Nouvelle-Zélande* – éventuellement : Nuku Alofa *Tonga* – Papeete *Tahiti* – Honolulu *Hawaii* – Los Angeles *USA* (ou un autre port de la côte Pacifique *USA*)

Tarifs :

Voyage circulaire : 4400 $ / 5300 $

Côte Ouest USA – Nouvelle-Zélande (15 jours) :
2000 $ / 2500 $
Dans l'autre sens : 1850 $ / 2400 $

Côte Ouest USA – Suva : 1478 $ / 2400 $
Dans l'autre sens : 1500 $ / 1800 $

Suva – Nouvelle-Zélande : 522 $
Nouvelle-Zélande – Hawaii : 1110 $

Bateaux :
California Star
Southland, Wellington Star

Fréquence :
Un départ environ tous les 24 jours

Conditions :
Age maximum : 80 ans. Certificat médical demandé après 70 ans
Bagages gratuits : 4 valises par personne

105 Los Angeles *Californie USA – Australie – Nouvelle-Zélande – Californie USA*

Tarifs :
Voyage circulaire : 4350 $ / 5450 $

Côte Ouest USA – Australie : 1950 $ / 2500 $
Dans l'autre sens : 2490 $ / 2990 $

Côte Ouest – Nouvelle-Zélande : 2690 $ / 3290 $
Dans l'autre sens : 1850 $ / 2400 $

Pour ce voyage, certains départs peuvent s'effectuer depuis un port américain sur le Golfe du Mexique (Jacksonville ou Houston, par exemple).

Bateau :
Columbia Star

Agent en Allemagne :
Margis Reiseagentur GmbH, Stahltwiete 11
2000 Hamburg
Tél : (040) 851 28 60 ou : (040) 851 25 97
Fax : (040) 850 50 52 (Indicatif : 49)

Agent en Grande-Bretagne :
The Strand Cruise Center
Charing Cross Shopping Concourse
The Strand, London WC2N 4HZ Grande-Bretagne
Tél : (071) 836 63 63 **Fax :** (071) 497 00 78
(Indicatif : 44)

Agent au Canada :
Freighter Cruise Service
Suite 103, 5925 Monkland Avenue,
Montréal, Québec H4A 1G7 Canada
Tél : (514) 481 04 47 (Indicatif : 1)

Agent aux USA :
Freighter World Cruises
180 South Lake Avenue, Suite 335
Pasadena, California 91101 USA
Tél : (818) 449 31 06 **Fax :** (818) 449 95 73
(Indicatif : 1)

Sous pavillon des Bermudes, cette compagnie basée en Amérique du Nord possède 3 gros vraquiers de 70 000 tonnes qui naviguent de mai à octobre sur la ligne transatlantique, entre le Canada et l'Europe et proposent des voyages dans des conditions luxueuses.

Bateaux :
CAST HUSKY, CAST MUSKCOX, CAST OTTER, construits en 1987, 70 000 tonnes, 12 passagers, salon, bibliothèque, piscine, (vin servi à discrétion durant les repas)

1 Anvers *Belgique* – Montréal *Canada* – Sorel (Sept Iles) *Canada* – Anvers *Belgique*
(Voyage Europe – Canada : 12 jours.
Voyage Canada – Europe : 16 jours)

Tarifs :
Anvers – Montréal : 998 £ / 1 180 £
Soit 83 £ / 98 £ par jour

Montréal – Anvers : 1 190 £ / 1 280 £
Soit 74 £ / 80 £ par jour

Agent en Grande-Bretagne :
The Strand Cruise Center
Charing Cross Shopping Concourse
The Strand, London WC2N 4HZ Grande-Bretagne
Tél : (071) 836 63 63 **Fax :** (071) 497 00 78
(Indicatif : 44)

Cette compagnie chilienne offre des cabines sur deux porte-conteneurs au départ de Los Angeles vers l'Extrême-Orient et la côte Ouest de l'Amérique du Sud.

Ces voyages sont très populaires et il est recommandé de réserver à l'avance.

Bateaux :
LIRCAY, LAJA : construits en 1978, 14 689 tonnes, 12 passagers, piscine

101 Los Angeles *Californie USA* – Guayaquil *Equateur* – Callao *Pérou* – Arica *Chili* – Iquique *Chili* – Antofagasta *Chili* – Valparaiso *Chili* – San Antonio *Chili* – Los Angeles *USA*
(Voyage circulaire : environ 45/50 jours)

Tarifs :
Voyage circulaire : 2 900 £ / 3 100 £
Soit 64 £ / 68 £ par jour

108 Los Angeles *Californie USA* – Yokohama *Japon* –
Nagoya *Japon* – Kobe *Japon* – Pusan *Corée du Sud* –
Keelung (Chilung) *Taiwan* – Taizhong *Taiwan* –
Kaohsiung *Taiwan* – Hong Kong –
Los Angeles *USA*
(Voyage circulaire : environ 55/60 jours)

Tarifs :
Voyage circulaire : 4000 £ / 4500 £
Soit 72 £ / 81 £ par jour

Agent en Allemagne :
Hamburg-Süd Reiseagentur GmbH,
Ost-West-Strasse 59
D-2000 Hamburg 11 Allemagne
Tél : (040) 3705-155 **Fax :** (040) 3705-2420
(Indicatif : 49)

Agent aux Etats-Unis :
Freighter World Cruise Inc.,
180 South Lake Avenue, Suite 335
Pasadena, California 91101 USA
Tél : (818) 449 31 06 **Fax :** (818) 449 95 73
(Indicatif : 1)

Cette compagnie allemande, affiliée à Hamburg-Süd, propose des voyages au départ des Etats-Unis vers le Pacifique Sud sur huit porte-conteneurs avec tout le confort souhaitable.

102 Jacksonville *Floride USA* – Houston *Texas USA* – Canal de Panama – Melbourne *Australie* – Sydney *Australie* – éventuellement : Brisbane *Australie* – éventuellement : Port Chalmers *Nouvelle-Zélande* – Wellington *Nouvelle-Zélande* – Auckland *Nouvelle-Zélande* – Canal de Panama – éventuellement : Kingston *Jamaïque* – Philadelphie *Pennsylvanie USA*
(Voyage circulaire : 65/68 jours)

Tarifs :
Voyage circulaire :
5 450 $ (de mars à septembre) / 7 650 $ (d'octobre à février)
Soit 83 $ / 117 $ par jour

Bateaux :
12 passagers, 3 cabines doubles ou bien 6 cabines simples, piscine

Conditions :
Age maximum : 79 ans

103 Los Angeles *Californie USA* – Auckland *Nouvelle-Zélande* – Sydney *Australie* – Melbourne *Australie* – Wellington *Nouvelle-Zélande* – Auckland *Nouvelle-Zélande* – éventuellement : Honolulu *Hawaii* – Seattle *Washington USA*
(Voyage circulaire : 42/45 jours)

Tarifs :
Voyage circulaire : 4 798 $ / 5 400 $
Soit 115 $ / 128 $ par jour

Bateaux :
COLUMBUS VIRGINIA, COLUMBUS WELLINGTON :
14 173 tonnes, 8 passagers

106 Los Angeles *Californie USA* – Nouméa *Nouvelle-Calédonie* – Sydney *Australie* – Melbourne *Australie* – Auckland *Nouvelle-Zélande* – Nouméa *Nouvelle-Calédonie* – Suva *Fidji* – Seattle *Washington USA*
(Voyage circulaire : 42/45 jours)

Tarifs :
Voyage circulaire : 5 150 $ / 5 400 $
Soit 122 $ / 128 $ par jour

Bateau :
OREGON STAR : 8 passagers, 4 cabines doubles

COMPAGNIE GÉNÉRALE MARITIME

CGM
22 quai Galliéni
92158 Suresnes Cedex France
Tél : 46 25 70 00 **Fax :** 46 25 78 00

Agent en France :
Sotramat Voyages
12 rue Godot de Mauroy
75009 Paris France
Tél : 49 24 24 73 **Fax :** 47 42 04 53

Agent aux Antilles :
Transat Antilles Voyage
Quai Lefevre Boîte Postale
Pointe-à-Pitre Guadeloupe 97153
Tél : 83 04 43 / 82 95 74 (Indicatif : 590)

Les fameux bananiers (aujourd'hui porte-conteneurs) sur la ligne des Antilles sont les derniers vestiges de la CGM en matière de passagers.

Pourtant ce ne sont pas les bateaux qui manquent, ni la demande. Car de nombreux voyageurs sollicitent cette compagnie pour des voyages vers les USA ou le Canada, mais depuis 1986 les lignes passagers ont été diminuées, puis coupées. La CGM a vécu des moments difficiles et finalement, en 1992, elle s'est retirée de la ligne transatlantique. C'est bien dommage. A noter que sa filiale allemenade Horn Linie transporte aussi des passagers vers les Caraïbes.

30 Port français (Le Havre, Dunkerque, Montoir ou Le Verdon) – Fort-de-France ou Pointe-à-Pitre
Antilles françaises – Port français
(Dans chaque sens : 10/12 jours)

Tarifs :
Voyage circulaire : 11 300 Fr en basse-saison
Haute-saison : 12 550 Fr

Port français – 1er port antillais : 4 650 Fr / 5 060 Fr (de janvier à juin) ou : 5 160 Fr / 5 600 Fr (de juillet à décembre)
Port français – 2è port antillais : 5 300 Fr / 5 700 Fr (de janvier à juin) ou : 5 900 Fr / 6 300 Fr (de juillet à décembre)

1er port antillais – Le Havre : 5 600 Fr ou : 6 310 Fr
2è port antillais – Le Havre : 5 700 Fr ou : 5 060 Fr

Réductions enfants : 30% de 5 à 12 ans
Réductions jeunes : 20% de 12 à 27 ans

Bateaux :
FORT DESAIX, FORT SAINT-CHARLES : construits en 1980, 28 955 tonnes, 12 passagers, 4 cabines doubles, 4 cabines simples
FORT ROYAL, FORT FLEUR D'ÉPÉE : construits en 1979/80, 30 998 tonnes, 12 passagers, 4 cabines doubles, 4 cabines simples

Fréquence :
1 départ chaque semaine

Conditions :
Age minimum : 5 ans   Age maximum : 80 ans
A partir de 65 ans : certificat médical exigé
Animaux acceptés sous certaines conditions
Voitures et motos acceptées
Franchise bagages : 150 kg

COMPAGNIE MARITIME ZAÏROISE

CMZ
B.P. 9496, 6è étage, UZB Centre,
Place de la Poste
Kinshasa Zaïre
Tél : (12) 211 43/4 **Fax :** (12) 26234 (Indicatif : 243)

Agent aux îles Canaries :
Vapores Suardiaz S.A.
Avd. Trez de Mayo, 8-3,
PO Box 426
Santa Cruz, Tenerife, Iles Canaries Espagne
Tél : (22) 121 80 00 (Indicatif : 34)

Cette compagnie africaine est l'une des dernières à faire naviguer un cargo mixte, pouvant tranporter 71 passagers, le KANANGA, entre l'Europe et le Zaïre.

62 Anvers *Belgique* – Le Havre *France* – Lisbonne *Portugal* – Boma *Zaïre* – Matadi *Zaïre* – Douala *Cameroun* – éventuellement : Santa Cruz de Tenerife *Iles Canaries* – Anvers *Belgique*

Tarifs :
Non communiqués
Bateau :
KANANGA : construit en 1973, 13 481 tonnes

COMPAGNIE POLYNÉSIENNE DE TRANSPORT

B.P. 220
Papeete, Tahiti
Polynésie française
Tél : 42 62 40/43 **Fax :** 43 48 89 (Indicatif : 689)

Agent en Allemagne :
Margis Reiseagentur GmbH, Stahltwiete 11
2000 Hamburg
Tél : (040) 851 28 60 ou : (040) 851 25 97
Fax : (040) 850 50 52 (Indicatif : 49)

Agent aux Etats-Unis :
Freighter World Cruise Inc.,
180 South Lake Avenue, Suite 335
Pasadena, California 91101 USA
Tél : (818) 449 31 06 **Fax :** (818) 449 95 73
(Indicatif : 1)

Véritable cargo mixte long de 103 mètres, le ARANUI ("Grand Chemin" en langue maori) assure depuis quelques années la liaison entre Tahiti et les Marquises, dernier descendant des goélettes qui transportaient le coprah et les voyageurs entre les îles. Le bateau est mené par 32 marins polynésiens.

Le ARANUI relie les Marquises et les Tuamotou au reste du monde, transportant à chaque fois une centaine de passagers, pour la plupart des habitants des îles, dont une partie voyage sur le pont. Une trentaine de cabines pour touristes permettent à ceux qui le souhaitent de voyager plus confortablement.

Ce voyage décontracté de 16 jours à travers les plus belles îles de Polynésie est sans doute l'un des plus spectaculaires dont on puisse rêver. Il a été décrit avec enthousiasme dans les journaux et les télévisions des Etats-Unis. Un journaliste a même qualifié ce voyage d'anti-croisière.

Le ARANUI permet de visiter des îles qui, autrement, sont difficiles d'accès. Il est souvent nécessaire d'utiliser les pirogues pour aller à terre.

122 Papeete *Tahiti* – Takapoto *Tuamotou – Iles Marquises* : Ua Pou, Nuku Hiva, Hiva Oa, Fatu Hiva, Hiva Oa, Ua Huka, Nuku Hiva – Rangiroa *Tuamotou* – Bora Bora *Polynésie française* – Papeete *Tahiti*
(Voyage circulaire : environ 17 jours)

Tarifs :
Voyage circulaire :
Pont arrière (matelas et draps sont fournis, toilettes sur le pont) : 8415 Fr
Soit 495 Fr par jour
Cabines intérieures : 15427 Fr
Cabines de luxe : 21144 Fr
Enfants de 3 à 15 ans partageant la cabine de leurs parents : 4400 Fr
Réductions possibles (15%) pour les passagers de plus de 60 ans et aussi à certaines périodes de l'année

Bateau :
ARANUI : (anciennement BREMER HORST BISCOFF) construit en 1989, 4200 tonnes, 60 passagers, salon vidéo, bibliothèque, piscine, les activités du bord incluent aussi des excursions, la pêche et la plongée

Conditions :
Pas de limite d'âge

CONCORDIA SHIPPING LINE

Agent en Allemagne :
Hamburg-Süd Reiseagentur GmbH,
Ost-West-Strasse 59
D-2000 Hamburg 11 Allemagne
Tél : (040) 3705-155 **Fax :** (040) 3705-24 20
(Indicatif : 49)

Cette ligne rallie l'Europe du Nord à la Méditerranée et la Mer Rouge.

Bateau :
CONCORDIA : construit en 1983, 14950 tonnes, 7/8 passagers, 3 cabines doubles, 2 cabines simples, salon, gymnase, sauna, piscine

69 Rotterdam *Hollande* – Le Havre *France* – Le Pirée *Grèce* – Suez *Egypte* – Djedda *Arabie Saoudite* – Hodeïda *Yemen* – Aqaba *Jordanie* – Yanbu *Arabie Saoudite* – Port-Soudan *Soudan* – Suez *Egypte* – Salerne *Italie* – Valencia *Espagne* – Thamesport *Grande-Bretagne* – Anvers *Belgique* – Rotterdam *Hollande*
(Voyage circulaire : environ 47 jours)

Tarifs :

Voyage circulaire : 5 590 DM / 6 450 DM
Soit 118 DM / 137 DM par jour
Assurance-déviation obligatoire : 100 DM

Agent en Allemagne :
Hamburg-Süd Reiseagentur GmbH
Ost-West Strasse 59-61
2000 Hamburg 11 Allemagne
Tél : (040) 3705-155 **Fax :** (040) 3705-24 20
(Indicatif : 49)

Agent aux Etats-Unis :
Freighter World Cruise Inc.,
180 South Lake Avenue, Suite 335
Pasadena, California 91101 USA
Tél : (818) 449 31 06 **Fax :** (818) 449 95 73
(Indicatif : 1)

20 Anvers *Belgique* – Canal de Panama – Long Beach *Californie USA* – Canal de Panama – Le Havre *France* – Thamesport *Grande-Bretagne* – Rotterdam *Hollande* – Brême *Allemagne* – Anvers *Belgique*
(Voyage circulaire : 46 jours)

Tarifs :
Voyage circulaire : 4375 $ / 5000 $
Soit 95 $ / 108 $ par jour

Europe – USA (22 jours) : 2085 $ / 2385 $

Conditions :
Age limite : 79 ans

47 Rotterdam *Hollande* – Algeciras *Espagne* – Le Pirée *Grèce* – Izmir *Turquie* – Salonique *Grèce* – Le Pirée *Grèce* – Algeciras *Espagne* – Felixstowe *Grande-Bretagne* – Rotterdam *Hollande*
(Voyage circulaire : 28 jours)

Tarifs :
Voyage circulaire : 3 920 DM / 4 480 DM
Soit 140 DM / 160 DM par jour

Bateau :
ALUM BAY : 21 600 tonnes, 6 passagers

77 Charleston *Caroline du Sud USA* – Norfolk *Virginie USA* – Port Elizabeth *New Jersey USA* – Algeciras *Espagne* – Canal de Suez – Jebel Ali *Emirats Arabes Unis* – Nawa Shiwa (Bombay) *Inde* – Malte – Algeciras *Espagne* – Charleston *Caroline du Sud USA*
(Voyage circulaire : environ 56 jours)

Tarifs :
Voyage circulaire : 5 200 $ / 5 900 $
Soit 92 $ / 105 $ par jour

Bateau :
SEA BREEZE (anciennement DOLORES) : 9 passagers

DEUTSCHE SEEREEDEREI ROSTOCK

Agents en Allemagne :
Margis Reiseagentur GmbH, Stahltwiete 11
2000 Hamburg
Tél : (040) 851 28 60 ou : (040) 851 25 97
Fax : (040) 850 50 52 (Indicatif : 49)

Hamburg-Süd Reiseagentur GmbH
Ost-West Strasse 59-61
2000 Hamburg 11 Allemagne
Tél : (040) 3705-155 **Fax :** (040) 3705-24 20
(Indicatif : 49)

En Suisse :
Wagner Frachtschiffreisen, Stadlerstrasse 48
8404 Winterthur
Tél : (052) 242 14 42 **Fax :** (052) 242 14 87
(Indicatif : 41)

Récemment restructurée, cette compagnie est issue de l'ancienne DDR, flotte d'Allemagne de l'Est, et propose de nombreux passages sur ses cargos, porte-conteneurs ou vraquiers.

4 Gênes *Italie* – Valencia *Espagne* – Montréal *Canada* – Larnaka *Chypre* – Beyrouth *Liban* – Naples *Italie* – Gênes *Italie*
(Voyage circulaire : environ 40 jours)

Tarif :
Voyage circulaire : 4500 DM
Soit 112 DM par jour

Gênes – Montréal (14 jours) : 1575 DM
Valencia – Montréal (12 jours) : 1350 DM
Montréal – Larnaka (16 jours) : 1800 DM
Montréal – Naples (21 jours) : 2363 DM

Fréquence :
Un voyage par mois.

22 Hambourg *Allemagne* – Anvers *Belgique* – San Juan *Puerto Rico* – Veracruz *Mexique* – Tampico *Mexique* – Rio Haina *Saint Domingue* – San Juan *Puerto Rico* – Anvers *Belgique* – Rotterdam *Hollande* – Hambourg *Allemagne*
(Voyage circulaire : environ 54 jours)

Tarifs :
Voyage circulaire : 5400 DM / 6 480 DM
Soit 100 DM / 120 DM par jour

Hamburg – San Juan (13 jours) : 1300 DM / 1920 DM
(même prix dans l'autre sens)

Hamburg – Veracruz (20 jours) : 2 000 DM / 4 080 DM
(même prix dans l'autre sens)
Assurance-déviation obligatoire : 160 DM

Bateaux :
PASEWALK, CRIMMITSCHAU, GLAUCHAU construits en 1980
9 380 tonnes, 3 passagers, 1 cabine double, 1 cabine simple, gymnase, sauna, piscine

Fréquence :
Deux départs chaque mois

25 Rostock *Allemagne* – Nombreux ports sur la côte cubaine *Cuba*
(Voyage circulaire : environ 80 jours)

Tarifs :
Voyage circulaire : 7 050 DM / 8 850 DM
Soit 88 DM / 110 DM par jour

60 Hambourg *Allemagne* – Anvers *Belgique* – Le Havre *France* – Dakar *Sénégal* – Abidjan *Côte-d'Ivoire* – Tema *Ghana* – Lomé *Togo* – Cotonou *Bénin* – Douala *Cameroun* – Delfzijl *Hollande* – Hambourg *Allemagne* (Voyage circulaire : environ 62 jours)

Tarifs :
Voyage circulaire : 6 980 DM / 8 720 DM
Soit 112 DM / 140 DM par jour

Hambourg – Dakar (17 jours) : 1920 DM / 2390 DM
Hambourg – Abidjan (20 jours) : 2250 DM / 2810 DM
Hambourg – Tema (22 jours) : 2480 DM / 3090 DM
Hambourg – Lomé (25 jours) : 2810 DM / 3510 DM
Hambourg – Cotonou (28 jours) : 3150 DM / 3940 DM
Hambourg – Douala (31 jours) : 3490 DM / 4360 DM

Douala – Hambourg (31 jours) : 3490 DM / 4360 DM

Assurance-déviation : 165 DM

Bateau :
SIEGMUND JAHN : 9231 tonnes, 6 passagers

94 **Ligne tour du monde :**
Long Beach *Californie USA* – Oakland *Californie USA* – Yokohama *Japon* – Osaka *Japon* – Pusan *Corée du Sud* – Hong Kong – Kaohsiung *Taiwan* – Singapour – Colombo *Sri Lanka* – Canal de Suez – Anvers *Belgique* – Rotterdam *Hollande* – Felixstowe *Grande-Bretagne* – Brême *Allemagne* – New York *USA* – Norfolk *Virginie USA* – Savannah *Géorgie USA* – Canal de Panama – Long Beach *Californie USA*
(Voyage circulaire : environ 84 jours)

Tarifs :
Voyage circulaire : 7960 $ / 8850 $
Soit 94 $ / 105 $ par jour

Bateaux :
4 passagers

Agent en Allemagne :
Hamburg-Süd Reiseagentur GmbH
Ost-West Strasse 59-61
2000 Hamburg 11 Allemagne
Tél : (040) 3705-155 **Fax :** (040) 3705-24 20
(Indicatif : 49)

Agent aux Etats-Unis :
Freighter World Cruise Inc.
180 South Lake Avenue, Suite 335
Pasadena, California 91101 USA
Tél : (818) 449 31 06 **Fax :** (818) 449 95 73
(Indicatif : 1)

Compagnie allemande qui rallie la Méditerranée au Brésil sur le CALAPADRIA.

36 Gênes *Italie* – Fos-sur-mer *France* – Barcelone *Espagne* – Cadix *Espagne* – Vitoria *Brésil* – Santos *Brésil* – Buenos Aires *Argentine* – Montevideo *Uruguay* – Sao Francisco do Sul *Brésil* – (éventuellement : Vitoria/Salvador/Fortaleza *Brésil* – Tenerife *Iles Canaries*) – Alicante/Valencia *Espagne* – Naples *Italie* – Gênes *Italie*
(Voyage circulaire : environ 45 jours)

Tarifs :
Voyage circulaire : 6110 DM / 7990 DM
Soit 135 DM / 177 DM par jour

Gênes – Vitoria (15 jours) : 1950 DM / 2550 DM
Barcelone – Vitoria (12 jours) : 1560 DM / 2040 DM
Gênes – Santos (17 jours) : 2210 DM / 2290 DM
Barcelone – Santos (14 jours) : 1820 DM / 2380 DM
Gênes – Buenos Aires (19 jours) : 2470 DM / 3230 DM
Barcelone – Buenos Aires (16 jours) : 2080 DM / 2720 DM

Buenos Aires – Alicante/Valencia (19 jours) :
2470 DM / 3230 DM
Buenos Aires – Gênes (24 jours) : 3120 DM / 4080 DM

Bateau :
CALAPADRIA : construit en 1984, 23000 tonnes, 10 passagers, 3 cabines doubles, 4 cabines simples, sauna, gymnase, piscine extérieure

Conditions :
Age maximum : 79 ans

EGON OLDENDORFF

PO Box 2135, Funfhausen 1
D-2400 Lübeck 1, Allemagne
Tél : (0451) 15 00 0 **Fax** : (0451) 7 35 22 (Indicatif : 49)

Aux Etats-Unis :
Norton Lilly & Co., Operations Department
245 Monticello Arcade
Norfolk VA 23510 USA
Tél : (804) 622 70 35 **Fax** : (804) 622 47 59
(Indicatif : 1)

Au Canada :
Egon Marine Services, 9240 Patterson road,
Richmond, BC, V6X 1P7 Canada
Tél : (604) 671 54 61 **Fax** : (604) 273 56 41
(Indicatif : 1)

En Australie :
Sydney International Travel Center Pty. Ltd, Reid House
75 King street, 8th floor, Sydney NS 2000 Australie
Tél : (2) 299 80 00 **Fax** : (2) 299 13 37
(Indicatif : 61)

Egon Oldendorff est certainement, avec Polish Ocean Lines, l'une des lignes les plus connues des amateurs de voyages en cargos. Elle propose en effet des départs à des prix intéressants sur pratiquement toutes les destinations dont on puisse rêver.

Sa flotte consiste en une trentaine de bateaux, des vraquiers jaugeant entre 28 000 et 74 000 tonnes, aussi bien que des porte-conteneurs jaugeant entre 15 000 et 23 000 tonnes. La plupart sont équipés d'air-conditionné et d'une petite piscine.

Cette compagnie pratique le "tramp-shipping", donc les routes de ses cargos dépendent étroitement de l'offre et de la demande. Qu'il suffise de savoir qu'elle a des bureaux sur tout le continent américain, du Chili au Canada, en Afrique, en Indonésie, en Chine ou au Japon, pour comprendre que ses bateaux circulent dans le monde entier sur des itinéraires qui ne cessent de varier, parfois même au cours d'une traversée.

Il existe néanmoins quelques routes régulières, comme la liaison transatlantique Europe – USA, Canada, sur lesquelles on peut compter toute l'année.

C'est pourquoi la liste des voyages ci-dessous est encore plus aléatoire. Elle sert d'indicatif d'une route pratiquée à un certain moment par un bateau, elle donne aussi une idée des tarifs pratiqués.

Il suffit de demander la "Position List" la plus récente pour savoir où se trouvent les cargos et quelles sont leurs destinations.

A titre d'exemple, la "Position List" du printemps 1993 montrait la présence de ses bateaux en route vers le Brésil, d'autres vers le Japon ou le Mexique, les Etats-Unis, le Nigeria, l'Algérie, l'Australie, la Nouvelle-Calédonie, les Philippines, Hong Kong, le Pérou, la Chine, la Corée, le Lagos, les îles Fidji...

Conditions :

Enfants de 1 à 12 ans : 50% de réduction

Tarifs spéciaux pour les enfants en-dessous de 1 an

De 70 à 75 ans, nécessité d'une assurance individuelle
Age maximum : 75 ans

3 Anvers *Belgique* – Hambourg *Allemagne* – Port-Cartier *Canada* – Baie-Comeau *Canada* – Montréal/Québec *Canada*
(environ 10 jours)
Les ports du Saint-Laurent ne sont accessibles qu'à partir de début mai en raison de la glace.

Tarifs :
Dans le sens Europe – Canada :
Cabine double (par pers.) : 1 000 DM. Simple : 1 200 DM

Dans le sens Canada – Europe :
Cabine double (par pers.) : CAN $ 700. Simple : CAN $ 830

10 Anvers *Belgique* – Rotterdam *Hollande* – Hambourg *Allemagne* – Norfolk *Virginie USA* – Newport News *Virginie USA*
(10/12 jours)

Tarif :
Dans le sens Europe – USA :
Cabine double (par pers.) : 1 000 DM. Simple : 1 200 DM
Soit 100 DM par jour

Dans le sens USA – Europe :
Cabine double (par pers.) : 575 $. Simple : 700 $

16 Anvers *Belgique* – Rotterdam *Hollande* – Hambourg *Allemagne* – New Orleans *Louisiane USA* ou : Mobile, Houston, Galveston, et même Corpus Christi *USA*

Tarifs :
Dans le sens Europe-USA (14 jours) : 1200 DM / 1400 DM
Soit 85 DM / 100 DM par jour

Dans le sens USA-Europe (10/12 jours) :
1 000 DM /1 200 DM
Soit 100 DM par jour

A noter :
Il est possible d'acheter un ticket "open" ("open-date-ticket") dont le retour est valable pendant un an. Si le retour n'est pas utilisé au-delà d'un an le prix du retour sera remboursé dès réception du ticket

Bateaux :
DORA OLDENDORFF (40 966 tonnes, 10 passagers)
UNITED VENTURE (40 967 tonnes, 10 passagers)

24 Brême *Allemagne* – Le Havre *France* – Miami *Floride* – Houston ou Galveston *Texas USA* – Veracruz *Mexique* – Altamira *Mexique* – Houston *Texas USA* ou New Orleans *Louisiane USA* – Anvers *Belgique* – Felixstowe *Grande-Bretagne* ou Brême *Allemagne* (Voyage circulaire : environ 42 jours)

Tarifs :
Voyage circulaire : 5 460 DM / 6 300 DM
Soit 130 DM / 150 DM par jour
Tarif hiver : 110 DM / 120 DM par jour

Felixstowe – Miami (14 jours) : 1 820 DM
Felixstowe – Veracruz (20 jours) : 2 600 DM / 3 000 DM
Felixstowe – Altamira (23 jours) : 2 990 DM / 3 450 DM
Assurance-déviation obligatoire : 125 DM

Bateaux :
MAYA ET BIRTE OLDENDORFF : construits en 1985, 34 000 tonnes

Conditions :
Age maximum : 79 ans

119 Sydney *Australie* – Melbourne *Australie* – Brisbane *Australie* – Pusan *Corée du Sud* – Osaka *Japon* – Yokohama *Japon* – Brisbane *Australie* – Melbourne *Australie* – Sydney *Australie*
(Voyage circulaire : environ 30 jours)

Tarifs :
Entre 140 DM et 150 DM par jour
Assurance-déviation obligatoire : 210 DM

Bateau :
PYRMONT BRIDGE, construit en 1981, 28 000 tonnes, 9 passagers, 3 cabines doubles, 3 cabines simples, bar, sauna, ascenceur, piscine

Conditions :
Au-dessus de 65 ans : certificat médical exigé
Age maximum : 79 ans

121 Hong Kong – Keelung (Chilung) *Taiwan* – Pusan *Corée du Sud* – Hiroshima *Japon* – Osaka *Japon* – Nagoya *Japon* – Yokohama *Japon* – Suva *Iles Fidji* ou Nouméa *Nouvelle-Calédonie* – Auckland *Nouvelle-Zélande* – Napier *Nouvelle-Zélande* – Nelson *Nouvelle-Zélande* – Timaru *Nouvelle-Zélande* – Tauranga *Nouvelle-Zélande* – Suva *Iles Fidji* ou Nouméa *Nouvelle-Calédonie* – Manille *Philippines* – Hong Kong
(Voyage circulaire : environ 60 jours)

Tarifs :
Voyage circulaire : 8 050 DM / 9 280 DM
Soit 134 DM / 154 DM par jour

Bateau :
DISCOVERER, construit en 1990, 20 000 tonnes
EXPLORER, VOYAGER : construits en 1987, 22 800 tonnes, 8 passagers

Agents en Grande-Bretagne :
Pathfinder Windward Terminal
PO Box 154
Herbert Walker Avenue
Southampton Hampshire SO1 OXP Grande-Bretagne
Tél : (703) 33 33 88 **Fax :** (703) 71 40 59 (Indicatif : 44)

The Strand Cruise Center
Charing Cross Shopping Concourse
The Strand, London WC2N 4HZ Grande-Bretagne
Tél : (071) 836 63 63 **Fax :** (071) 497 00 78
(Indicatif : 44)

Cette ligne est l'une des plus connues des amateurs de cargos, d'autant qu'elle a été au centre d'un documentaire de voyage pour la télévision anglaise.

The Geest Line se dénomme elle-même "Le service cargo 1è classe vers les Caraïbes". Ses "bananiers" assurent depuis longtemps le transport de denrées périssables avec régularité sur cette route attrayante. Ses deux beaux bateaux blancs, conçus pour la rapidité, naviguent à 20 nœuds.

L'ambiance à bord des bateaux est plutôt, en effet, celle d'une 1è classe de tradition et lors de certains dîners on demande même aux passagers d'être en tenue de soirée.

29 Southampton *Grande-Bretagne* – Castries *Sainte-Lucie* – Port of Spain *Trinidad* – Kingstown *Saint-Vincent* – *Antigua* – Roseau *La Dominique* – Southampton *Grande-Bretagne*
(Voyage circulaire : 24 jours)

Tarifs :
Voyage circulaire : 2915 £ / 3060 £
Soit 121 £ / 127 £ par jour

Southampton – Antigua : 1760 £
La Dominique – Southampton : 1760 £

Bateaux :
GEESTBAY ET GEESTPORT 9970 tonnes, 12 passagers, cinq double cabines, deux simples, (avec bains/douches/wc), salon, bar, piscine

Fréquence :
2 départs par mois

Conditions :
Age maximum : 75 ans, sauf lors de certains voyages où un médecin est présent à bord
Chaque passager a droit à 1 mètre cube de bagages gratuitement

Via Marchese Campodisola 13
80133 Naples Italie
Tél : (081) 49 61 11 **Fax :** (081) 551 77 16
(Indicatif : 39)

Agent en France :
Transports et Voyages
32 rue du Quatre-Septembre 75002 Paris
Tél : 44 94 20 40 **Fax :** 42 66 15 80

Agent en Italie :
Grimaldi Group
Via Fieschi 17
PO Box 1492 Gênes 16121 Italie
Tél : (010) 55091 **Fax :** (010) 550 93 33
(Indicatif : 39)

A la fin des années 1980, la compagnie italienne Grimaldi a surpris l'industrie maritime en mettant en service deux rouliers géants servant au transport des voitures neuves et comportant des aménagements pour une soixantaine de passagers.

Elle est l'une des dernières compagnies à maintenir en service des cargos mixtes.

Ses cinq bateaux desservent l'Afrique de l'Ouest et le Brésil.

Sur la ligne appelée "Southern Cross Route" ("La Croix du Sud"), l'ambiance à bord des bateaux se rapproche de celle des paquebots, avec des activités sociales, des fêtes, des tournois de ping-pong ou de cartes, des cours de langues et des cérémonies d'accueil et d'au revoir.

Cette compagnie possède d'ailleurs aussi un paquebot, le AUSONIA, qui croise en Méditerranée ou en Mer Noire et accueille congrès ou conventions.

Bateaux :

REPUBBLICA DE VENEZIA, REPUBBLICA DI PISA : construits en 1987, 49 000 tonnes, 54 passagers, salon, bar, discothèque, vidéo, gymnase, piscine, hôpital
REPUBBLICA DI GENOVA, REPUBBLICA DI AMALFI : construits en 1989, 42 500 tonnes, 50 passagers, salon, discothèque, vidéo, gymnase, piscine, hôpital
REPUBBLICA DI ROMA : construit en 1992, 40 000 tonnes, 12 passagers, six cabines doubles extérieures

40 Gênes *Italie* – Paranagua *Brésil* – Santos *Brésil* – Rio de Janeiro *Brésil* – Gênes *Italie*
(Dans chaque sens : 12 jours)

Tarifs :

Aller simple : 1 100 $ / 1 400 $
Soit 91 $ / 116 $ par jour
Réduction de 10% sur l'aller et le retour, valable 6 mois
Enfants : gratuit jusqu'à 2 ans
De 2 à 12 ans : 50%
Animaux domestiques : 120 $
Voitures : 900 $ / 700 $; caravanes : 1 200 $ / 1 400 $; motos : 500 $

Fréquence :
Un départ tous les 15 jours environ

Conditions :
Pas de limite d'âge lorsqu'un médecin se trouve à bord

61 Tilbury *Grande-Bretagne* – Hambourg *Allemagne* – Rotterdam *Hollande* – Anvers *Belgique* – Dakar *Sénégal* – Conakry *Guinée* – Monrovia *Liberia* – Lagos *Nigeria* – Douala *Cameroun* – Tema *Ghana* – Paranagua *Brésil* – Santos *Brésil* – Rio de Janeiro *Brésil* – Le Havre *France* – Tilbury *Grande-Bretagne* (Voyage circulaire : environ 50 jours)

Tarifs :
Voyage circulaire :
(retour à effectuer dans les 6 mois) : 2650 $ / 7865 $
(15% de réduction entre mars et septembre)
Soit 53 $ / 157 $ par jour

Europe – Dakar/Conakry (environ 8/9 jours) : 850 $ /2 470 $
Europe – Ports d'Afrique de l'Ouest : 1 115 $ / 2705 $
Europe – Afrique – Brésil (environ 30 jours) : 1810 $ /5 300 $
Brésil – Europe (environ 14 jours) : 975 $ / 2890 $
De 12 à 26 ans : 10% (sur les allcr-simples)
Personnel diplomatique : 20% (sur les aller-simples)

HANSEATIC MARINE

Agent :
Freighter World Cruise Inc.,
180 South Lake Avenue, Suite 335
Pasadena, California 91101 USA
Tél : (818) 449 31 06 **Fax :** (818) 449 95 73
(Indicatif : 1)

93 **Ligne tour du monde :**
Long Beach *Californie USA* – Oakland *Californie USA* – Yokohama *Japon* – Osaka *Japon* – Pusan *Corée du Sud* – Kaohsiung *Taiwan* – Hong Kong – Singapour – Anvers *Belgique* – Rotterdam *Hollande* – Felixstowe *Grande-Bretagne* – Brême *Allemagne* – New York *USA* – Norfolk *Virginie USA* – Savannah *Géorgie USA* – Long Beach *Californie USA*
(Voyage circulaire : environ 84 jours)

Tarifs :
Voyage circulaire : 7 960 $
Soit 95 $ par jour
Ajouter une assurance-déviation, taxes de port et droits de douane de 205 $ par personne

Bateau :
AMERICAN SENATOR : 31 627 tonnes, 4 passagers
Conditions :
Age maximum : 79 ans

98 Savannah *Géorgie USA* – Fernandina Beach *Floride USA* – Santos *Brésil* – Buenos Aires *Argentine* – Montevideo *Uruguay* – Rio Grande *Brésil* – Santos *Brésil* – éventuellement Vitoria *Brésil* – Norfolk *Virginie USA*
(Voyage circulaire : 35/37 jours)

Tarifs :
Voyage circulaire : 3 125 $ (de mai à octobre)
3 510 $ (de novembre à janvier)
Soit 89 $ / 100 $ par jour

Bateau :
ALABAMA : construit en 1991, 17 520 tonnes, 4 passagers, 1 cabine double, 2 cabines simples, piscine

HARRISON LINE

Thos. & Jas. Harrison Ltd
Mersey Chambers,
Liverpool L2 8UF Grande-Bretagne
Tél : (051) 236 56 11 **Fax :** (051) 236 12 00
(Indicatif : 44)

Agent en Grande-Bretagne :
The Strand Cruise Center
Charing Cross Shopping Concourse
The Strand, London WC2N 4HZ Grande-Bretagne
Tél : (071) 836 63 63 **Fax :** (071) 497 00 78
(Indicatif : 44)

Harrison Line, implantée à Liverpool depuis 1853, a transporté de nombreux passagers. Dès 1866, la compagnie inaugurait la ligne régulière entre Liverpool et la Nouvelle-Orléans. Puis ce furent les steamers vers les Indes ou vers les Amériques. En 1911, c'est la fusion avec Rennie Line. Les bateaux de la Harrison-Rennie Line allaient s'illustrer au cours de la Première et de la Seconde Guerre Mondiale.

Après la guerre, les bateaux qui avaient servi au transport de troupes redevinrent des cargos avec peu ou pas de cabines pour les passagers.

Mais depuis quelques années la demande est telle dans le public que Harrison Line a décidé d'aménager des cabines luxueuses pour 6 passagers dans ses deux porte-conteneurs AUTHOR et ADVISER qui desservent un grand nombre de ports des Caraïbes et d'Amérique Centrale. Un circuit de rêve !

Ces voyages dans les Caraïbes sont devenus si populaires qu'il est prudent de réserver un an à l'avance. A noter que cette compagnie est l'une des seules à exiger de ses passagers un âge minimum aussi élevé : 18 ans.

Bateaux :

AUTHOR : construit en 1981, 27 631 tonnes, 6 passagers, cabines avec bain : douche/wc, salon vidéo, petite piscine intérieure

ADVISER : idem, mais petite piscine extérieure

28 Liverpool *Grande-Bretagne* – Ponce *Puerto Rico* – Bridgetown *La Barbade* – Port of Spain *Trinidad* – La Guaira, Puerto Cabello *Venezuela* – Willemstad *Curaçao Antilles néerlandaises* – Oranjestad *Aruba* – Rio Haina *République Dominicaine* – Port-au-Prince *Haïti* – Kingston *Jamaïque* – Belize – Santo Tomas *Guatemala* – Puerto Cortes *Honduras* – Puerto Limon *Costa Rica* – Kingston *Jamaïque* – Ponce *Puerto Rico* – Felixstowe *Grande-Bretagne*
(Voyage circulaire : environ 48 jours)

Tarifs :

A bord du ADVISER :
Voyage circulaire : 3 127 £ / 3 710 £
Soit 65 £ / 77 £ par jour

A bord du AUTHOR :
Voyage circulaire : 3 127 £ / 3 445 £
Soit 65 £ / 71 £ par jour
Fréquence :
Au moins 6 voyages par an

Conditions :
Age minimum : 18 ans   Age maximum : 80 ans

HORN LINIE

Horn-Linie Reiseburo
Johannisbollwerk 6-8
D-2000 Hamburg 11   Allemagne
Tél : (040) 319 57 79   (Indicatif : 49)

Agent en France :
Sotramat Voyages
12 rue Godot de Mauroy
75009 Paris   France
Tél : 49 24 24 73   **Fax :** 47 42 04 53

Agent en Grande-Bretagne :
The Strand Cruise Center
Charing Cross Shopping Concourse
The Strand,   London   WC2N 4HZ   Grande-Bretagne
Tél : (071) 836 63 63   **Fax :** (071) 497 00 78.
(Indicatif : 44)

Fondée en 1882, cette compagnie basée à Hambourg est en réalité une filiale de la CGM (Compagnie Générale Maritime). Elle propose des cabines vers les Caraïbes, l'Amérique centrale et la Guyane.

Sur ces bateaux la cuisine est un mélange européen et asiatique car les matelots sont presque tous originaires de Birmanie.

Bateaux :
HORNCLIFF, HORNCAP, HORNBAY : construits en Yougoslavie en 1989, 1990, 1991, 12 887 tonnes, 12 passagers, 6 cabines doubles
HORNSTAR, HORNGULF, HORNWIND : construits en France en 1973 et 1974, 6 561 tonnes, 8 passagers, 2 cabines doubles, 4 cabines simples
Sur tous les bateaux : cabines avec douche/wc, salon vidéo, bar, piscine

31 Hambourg *Allemagne* – Anvers *Belgique* – Le Havre *France* – Ponta Delgada *Açores* – Pointe-à-Pitre *Guadeloupe* – Fort-de-France *Martinique* – Cayenne *Guyane française* – Moin *Costa Rica* – Santo Tomas *Guatemala* – Le Havre *France* – Anvers *Belgique* – Hambourg *Allemagne*
(Voyage circulaire : environ 30 jours)

Tarifs :
Voyage circulaire : 4 850 DM / 5 450 DM
Soit 161 DM / 181 DM par jour
Aller-simple : 2 900 DM / 3 200 DM

Fréquence :
Toutes les 2 semaines

Conditions :
Age maximum : 75 ans

Troms Fylkes Dampskibsselskap
A/S, PO Box 548
9001 Tromso Norvège
Tél : (083) 86088 **Fax** : (083) 88710 (Indicatif: 47)

Agent en France :
Scanditours
36 rue Tronchet
75009 Paris
Tél : (1) 47 42 38 65 **Fax** : (1) 42 66 45 95

Agent en Grande-Bretagne :
Norwegian State Railways
21/24 Cockspur street
Londres SW1Y 5DA Grande-Bretagne
Tél : (071) 930 66 66 **Fax** : (071) 321 06 24
(Indicatif : 44)

Sous le nom de “Hurtigruten” se regroupent 3 compagnies norvégiennes (OVDS / TFDS / FFR) dont les bateaux relient entre eux les ports de Bergen, au sud, et de Kirkenes, au nord, avec de très nombreuses escales dans les petits ports au fond des fjords, passant là où les gros paquebots de croisière ne peuvent aller.

Cette ligne existe depuis le 2 juillet 1893 et ce voyage très spectaculaire a acquis une extraordinaire réputation. Au point qu'aujourd'hui il y a un départ chaque jour de l'année à Bergen.

Les bateaux, au nombre de 12, sont très confortables et transportent, outre le précieux courrier, les voitures et un nombre de passagers variant entre 144 et 230.

Les escales peuvent durer d'un quart d'heure à 5 heures.

88 · **Voyage côtier en Norvège :**
Bergen – Floro – Maloy – Torvik – Alesund – Molde – Kristiansund – Trondheim – Rorvik – Bronnoysund – Sandnessjoen – Nesna – Ornes – Bodo – Stamsund – Svolvaer – Stokmarknes – Sortland – Risoyhamn – Harstad – Finnsnes – Tromso – Skjervoy – Oksfjord – Alta – Hammerfest – Havoysund – Honningsvag – Kjollefjord – Mehamn – Berlevag – Batsfjord – Vardo – Vadso – Kirkenes – Bergen
(Voyage circulaire : 12 jours)

Tarifs :
Bergen – Kirkenes (6 jours) :
Du 1er juin au 31 août : 4980 Fr / 8820 Fr
Du 1er au 31 octobre : 4020 Fr / 8820 Fr
Du 1er novembre au 28 février : 4900 Fr / 6680 Fr
Il faut cependant savoir qu'il n'y a que 3 à 4 heures de jour.
Du 1er au 31 mars : 5370 Fr / 7420 Fr
Les jours déjà plus longs qu'en France, et on peut encore profiter des beautés de la neige.

Agent en Allemagne :
Hamburg-Süd Reiseagentur GmbH,
Ost-West-Strasse 59
D-2000 Hamburg 11 Allemagne
Tél : (040) 3705-155 **Fax :** (040) 3705-24 20
(Indicatif : 49)

Agent en Grande-Bretagne :
The Strand Cruise Center
Charing Cross Shopping Concourse
The Strand, London WC2N 4HZ Grande-Bretagne
Tél : (071) 836 63 63 **Fax :** (071) 497 00 78
(Indicatif : 44)

Cette compagnie allemande fait naviguer toute l'année 4 porte-conteneurs entre l'Europe et la côte Ouest de l'Amérique du Nord.

Bateaux :
INCOTRANS PACIFIC : 25 000 tonnes, 9 passagers, piscine, salle de gymnastique
HOECHST EXPRESS : 21 200 tonnes, 9 passagers
ERLANGEN EXPRESS : 21 200 tonnes, 9 passagers
LORRAINE : 18 000 tonnes, 9 passagers

21 Felixstowe *Grande-Bretagne* – Le Havre *France* – Canal de Panama – Long Beach (Los Angeles) *Californie USA* – Oakland *Californie USA* – Portland *Oregon USA* – Seattle *Washington USA* – Vancouver *Colombie Britannique Canada* – Oakland *Californie USA* – Long Beach *Californie USA* – Le Havre *France* – Felixstowe *Grande-Bretagne* – Brême *Allemagne*
(Voyage circulaire : 55 jours)

Tarifs :
Voyage circulaire : 7700 DM / 8800 DM
Soit 140 DM / 160 DM par jour

45 Felixstowe *Grande-Bretagne* – Algeciras *Espagne* – Le Pirée *Grèce* – Izmir *Turquie* – Salonique *Grèce* – Le Pirée *Grèce* – Algeciras *Espagne* – Rotterdam *Hollande* – Felixstowe *Grande-Bretagne*
(Voyage circulaire : environ 28 jours)

Tarifs :
Voyage circulaire : 2100 £ / 2360 £
Soit 75 £ / 84 £ par jour

Felixstowe – Le Pirée (1er arrêt) : 884 £ / 970 £

Bateau :
SEA PROGRESS : construit en 1981, 21600 tonnes, 6 passagers, salon vidéo, piscine

Conditions :
Age maximum : 79 ans

48 Felixstowe *Grande-Bretagne* – Anvers *Belgique* –
Rotterdam *Hollande* – Hambourg *Allemagne* –
Brême *Allemagne* – Limassol *Chypre* –
Ashdod *Israël* – Haïfa *Israël* –
Felixstowe *Grande-Bretagne*
(Voyage circulaire : environ 28 jours)

Tarifs :
Voyage circulaire : 1 750 £ / 2 000 £
Soit 62 £ / 71 £ par jour

Bateau :
CITY OF LONDON : construit en 1983, 16 000 tonnes, 8 passagers, salon vidéo, piscine

Conditions :
Age maximum : 79 ans

ICELANDIC STEAMSHIP COMPANY (EIMSKIP)

Urval Travel
Alfabakka 16, PO Box 9180
Reykjavik 129 Islande
Tél : (91) 69 93 00 **Fax :** (91) 67 02 02
(Indicatif : 354)

Agent en Belgique :
Grisar & Velge NV.
Keizerstraat 13
2000 Anvers Belgique
Tél : (03) 223 04 11 (Indicatif : 32)

Agent en Grande-Bretagne :
MGH Ltd., Mac Gregor House
Osbourne road, Stallingborough
Immingham, DN37 8DG Grande-Bretagne
Tél : (0469) 57 18 80 **Fax :** (0469) 57 13 18
(Indicatif : 44)

Depuis que cette compagnie islandaise a repris le transport de passagers sur ses cargos, la demande est telle qu'il faut s'y prendre 4 à 5 mois à l'avance pour trouver une cabine sur la ligne en été, et 1 à 2 mois le reste du temps.

84 Anvers *Belgique* – Immingham *Humberside*
Grande-Bretagne – Reykjavik *Islande*
(Voyage circulaire : 8 jours)

Tarifs (au départ d'Immingham) :
Voyage circulaire : 502 £ / 812 £
Soit 62 £ / 101 £ par jour

Immingham – Reykjavik : 251 £ / 406 £
Même prix dans l'autre sens

Bateaux :
LAXFOSS, BRUARFOSS : 10 000 tonnes, 18 passagers, 6 cabines à 3 lits (cabines munies de leur propre télévision, radio, minibar, douche et wc), salon, sauna, restaurant, piscine, salle de jeux pour les enfants

Vollsveien 9-11
PO Box 175, Lysaker
1324 Oslo Norvège
Tél : (02) 53 93 10 **Fax :** (02) 53 17 60 (Indicatif : 47)

Agent en Grande-Bretagne :
The Strand Cruise Center
Charing Cross Shopping Concourse
The Strand, London WC2N 4HZ Grande-Bretagne
Tél : (071) 836 63 63 **Fax :** (071) 497 00 78
(Indicatif : 44)

Agent aux Etats-Unis :
Ivaran Agencies, Newport Financial Center
111 Pavonia Avenue
Jersey City, NJ 0731-1755 USA
Tél : (201) 798 56 56 **Fax :** (201) 798 22 33
(Indicatif : 1)

Cette compagnie norvégienne fut créée en 1902 par Ivar Anton Christensen. Elle assure aujourd'hui la liaison entre New York et la côte Est de l'Amérique du Sud et a mis en service dès 1988 un cargo pas comme les autres : le AMERICANA, l'un des rares cargos mixtes aujourd'hui, un compromis entre cargo et paquebot de croisière. C'est sans doute le cargo mixte le plus luxueux du moment, équipé de façon à pouvoir accueillir jusqu'à 80 passagers. Peut-être le premier d'une nouvelle génération ?

97 Newark *New Jersey USA* – Savannah *Géorgie USA* – Miami *Floride USA* – Rio de Janeiro *Brésil* – Santos *Brésil* – Buenos Aires *Argentine* – Montevideo *Urufguay* – Rio Grande *Brésil* – Itajai *Brésil* – Santos *Brésil* – Rio de Janeiro *Brésil* – Salvador *Brésil* – Fortaleza *Brésil* – San Juan *Puerto Rico* – Norfolk *Virginie USA* – Baltimore *Maryland USA* – Newark *New Jersey USA*
(Voyage circulaire : environ 46 jours)

Tarifs :
Voyage circulaire en basse-saison : 5750 £ / 8240 £
Soit 125 £ / 179 £ par jour
Voyage circulaire en haute-saison : 6950 £ / 10040 £
Soit 151 £ / 218 £ par jour
D'importantes réductions sont prévues pour les passagers ayant déjà voyagé avec cette compagnie : jusqu'à 25%

Bateau :
AMERICANA : construit en 1988, 19203 tonnes, 80 passagers, (cabines avec douche/wc, vidéo, mini-bar, frigo, téléphone, coffre), salon avec piste de danse, bar, casino, bibliothèque, coiffeur, sauna/jacuzzi, piscine, club de santé, hôpital, jeux organisés

Conditions :
Pas de limite d'âge

Agents en Allemagne :
Hamburg-Süd Reiseagentur GmbH,
Ost-West-Strasse 59
D-2000 Hamburg 11   Allemagne
Tél : (040) 3705-155   **Fax** : (040) 3705-24 20
(Indicatif : 49)

Margis Reiseagentur GmbH
Stahltwiete 11
2000 Hamburg   Allemagne
Tél : (040) 851 28 60   ou : (040) 851 25 97
Fax : (040) 850 50 52   (Indicatif : 49)

Agent en Italie :
L. Di Russo
Via S. Maria
Ponza   Italie
Tél : (0771) 80784   (Indicatif : 39)

Agent aux Etats-Unis :
Freighter World Cruises
180 South Lake Avenue, Suite 335
Pasadena, California 91101   USA
Tél : (818) 449 31 06   **Fax** : (818) 449 95 73
(Indicatif : 1)

La compagnie allemande Leonhardt & Blumberg, répondant à la demande des voyageurs, propose de nombreux passages vers l'Extrême-Orient sur ses cargos VILLE DE SATURNE et VILLE DE MARS, à partir d'Europe aussi bien qu'au départ de Californie.

100 Los Angeles *Californie USA* – Deux ports en *Equateur* – éventuellement *Panama* –
Los Angeles *USA*
(Voyage circulaire : environ 19 jours)

Tarifs :
Voyage circulaire : 1995 £
Soit 105 £ par jour

Bateaux :
2 bananiers, 11 000 tonnes, 8 passagers, 4 cabines doubles, salon/bar, piscine

Conditions :
Age maximum : 79 ans

109 Los Angeles *Californie USA* – Tokyo *Japon* –
Osaka Bay *Japon* – Los Angeles *USA*
(Voyage circulaire : 26 jours)

Tarifs :
Voyage circulaire : 2740 $ / 3010 $
Soit 105 $ / 115 $ par jour

Bateaux :
Conçus pour le transport des fruits, bateaux réfrigérés de 11 000 tonnes, 8 passagers

LYKES LINE

Lykes Cargoliner Passenger Service
Lykes Center, 300 Poydras Street
New Orleans, Louisiane 70130 USA
Tél : (504) 523 66 11 **Fax :** (504) 528 12 71
(Indicatif : 1)

Importante compagnie américaine basée à la Nouvelle-Orléans et possédant une vaste flotte de porte-conteneurs, de rouliers ou de vraquiers (transportant des céréales, entre autres) pouvant accueillir entre 4 et 12 passagers chacun, dans des conditions luxueuses.

Les cabines sont spacieuses et comprennent bains, douches et wc.

Vu la fluctuation des itinéraires et le grand nombre de cargos de cette compagnie, on peut se mettre en contact avec eux lorsqu'on prévoit de partir afin de connaître les positions récentes des bateaux.

L'Amérique du Nord et du Sud, l'Afrique, la Méditerranée, l'Asie, l'Extrême-Orient : les bateaux de la Lykes Line sont bien présents partout et offrent de nombreuses opportunités de voyages.

Conditions :
Age maximum : 79 ans

8 Newark *Philadelphie USA – Egypte – Israël – Turquie – Italie* – Newark *USA*
(Voyage circulaire : environ 32 jours)

Tarifs :
Voyage circulaire : 3 425 $
Soit 107 $ par jour

Bateaux :
Porte-conteneurs appartenant anciennement à American President Line Seamaster, accueillant chacun 12 passagers

Conditions :
On peut réserver 6 mois avant le départ

Fréquence :
3 à 4 départs par mois

11 New Orleans *Louisiane USA* – Anvers *Belgique* – Brême *Allemagne* – Le Havre *France* – Norfolk *Virigine USA* ou Galveston *Texas USA*
(Voyage circulaire : 28/30 jours)

Tarifs :
Voyage circulaire : 2 800 $ / 3 000 $
Soit environ 100 $ / 107 $ par jour

Bateaux :
6 passagers

12 Galveston *Texas USA* – New Orleans *Louisiane USA* – Rotterdam *Hollande* – Brême *Allemagne* – Felixstowe *Grande-Bretagne* – Le Havre *France* – Norfolk *Virginie USA* – Charleston *Caroline du Sud USA* – Miami *Floride USA* – Galveston *Texas USA*
(Voyage circulaire : environ 32 jours)

Tarifs :
Voyage circulaire : 3 800 $
Soit 118 $ par jour

Fréquence :
Hebdomadaire

18 Felixstowe *Grande-Bretagne* – Le Havre *France* – Galveston *Texas USA* – New Orleans *Louisiane USA*
(12/15 jours dans chaque sens)

Tarifs :
Dans chaque sens : 870 £ / 900 £

19 Galveston *Texas USA* – Livourne *Italie* – Naples *Italie* – Izmir *Turquie* – Haïfa *Israël* – Alexandrie *Egypte* – Le Pirée *Grèce* – Livourne *Italie* – Galveston *Texas USA*
(Voyage circulaire : environ 33/38 jours)

Tarifs :
Voyage circulaire : 3425 $ / 4325 $
Soit un 103 $ / 131 $ par jour

Fréquence :
Un départ tous les 15 jours

99 Port américain du Golfe du Mexique *USA* – *Pérou* – Arica *Chili* – Buenaventura *Colombie* – Guayaquil *Equateur* – *USA*
(Voyage circulaire : environ 30 jours)

Tarifs :
Voyage circulaire : 3025 $ / 3525 $
Soit 100 $ / 117 $ par jour

107 Port américain du Golfe du Mexique *USA* – Manille *Philippines* – *Indonésie* – *Malaisie* – parfois Singapour – Golfe du Mexique *USA*
(Voyage circulaire : 60/80 jours)

Tarifs :
Voyage circulaire : 4525 $
Soit 75 $ par jour

110 Port américain du Golfe du Mexique *USA* – Dakar *Sénégal* – Monrovia *Libéria* – Abidjan *Côte-d'Ivoire* – Tema *Ghana* – Douala *Cameroun* – Cabinda *Zaïre* – Le Cap *Afrique du Sud* – Port Elizabeth *Afrique du Sud* – East London *Afrique du Sud* – Durban *Afrique du Sud* – Maputo *Mozambique* – Beira *Mozambique* – Dar es-Salaam *Tanzanie* – Mombasa *Kenya* – Golfe du Mexique *USA*
(Voyage circulaire : 60/70 jours)

Tarifs :
Voyage circulaire : 4325 $
Soit 72 $ par jour

Fréquence :
2 à 3 départs chaque mois

Agent en Grande-Bretagne :
The Strand Cruise Center
Charing Cross Shopping Concourse
The Strand, London WC2N 4HZ Grande-Bretagne
Tél : (071) 836 63 63 **Fax :** (071) 497 00 78
(Indicatif : 44)

Cette compagnie est gérée par Rail Shipping Ltd à Chypre. Elle ne possède qu'un seul cargo, mais il est bien connu des amateurs qui le considèrent comme une perle rare. C'est l'un des derniers véritables "tramp steamers", un cargo vagabond classique, qui va n'importe où dans le monde en fonction du fret.

JULIANA (9 700 tonnes) peut accueillir 12 passagers dans des conditions confortables et traditionnelles. On ne peut jamais connaître à l'avance son itinéraire mais au cours des années 1991 et 1992, à titre d'exemple, JULIANA a mis le cap aussi bien sur la Méditerranée que l'Indonésie, les Philippines, la Chine, le Pacifique Sud ou l'Amérique du Sud.

Il faut donc se renseigner auprès de l'agent pour connaître son itinéraire au moment où l'on décide de voyager.

On peut compter que son itinéraire est connu environ 2 semaines à l'avance.

Tarifs :
Les tarifs se calculent généralement sur la base de 35 £ à 50 £ par jour

Agent aux Etats-Unis :
Freighter World Cruises
180 South Lake Avenue, Suite 335
Pasadena, California 91101 USA
Tél : (818) 449 31 06 **Fax :** (818) 449 95 73
(Indicatif : 1)

Le bateau NEDLLOYD HONG KONG de cette compagnie chypriote suit une route unique entre l'Amérique latine et l'Extrême-Orient, faisant escale dans une douzaine de pays. On peut embarquer vers l'Amérique du Sud ou vers l'Extrême-Orient.

114 Puerto Caldera *Costa Rica* – Manta *Equateur* – *Chili* – *Pérou* – Manta *Equateur* – Buenaventura *Colombie* – Puerto Caldera *Costa Rica* – *Japon* – *Taiwan* – Hong Kong – Singapour *Corée* – *Japon* – Lazaro Cardenas *Mexique* – Puerto Caldera *Costa Rica*
(Voyage circulaire : 80 jours)

Tarifs :
Voyage circulaire : 6735 $ / 8000 $
Soit 84 $ / 100 $ par jour

Bateau :
NEDLLOYD HONG KONG : 10 passagers, salon, sauna, piscine

Conditions :
Age maximum : 79 ans

Agent en Grande-Bretagne :
The Strand Cruise Center
Charing Cross Shopping Concourse
The Strand, London WC2N 4HZ Grande-Bretagne
Tél : (071) 836 63 63 **Fax :** (071) 497 00 78
(Indicatif : 44)

Mis en service en 1986, le bateau NORTHERN RANGER relie entre eux les petits ports du Labrador et assure une liaison avec Terre-Neuve de juin à novembre.

Voyages côtiers sur la côte Est du Canada (Labrador et Terre-Neuve)

112 *Labrador* : Goose Bay – Nain – Goose Bay (5 jours)

113 Lewisporte *Terre-Neuve* – Nain *Labrador* – Lewisporte (Voyage circulaire : 15 jours)

Tarifs :
Lewisporte – Nain – Lewisporte : 860 £ / 1 800 £
Soit 57 £ / 120 £ par jour

Bateau :
NORTHERN RANGER : 2 556 tonnes, 95 passagers

Agent :
Margis Reiseagentur GmbH
Stahltwiete 11
2000 Hamburg Allemagne
Tél : (040) 851 28 60 ou : (040) 851 25 97
Fax : (040) 850 50 52 (Indicatif : 49)

Basée à Hambourg, cette compagnie propose des voyages dans les ports d'Europe du Nord. Ses quatre bateaux opèrent en Mer Baltique.

85 Hambourg *Allemagne* – Helsinki *Finlande* – Kotka *Finlande* – Copenhague *Danemark* – Göteborg *Suède* ou Aarhus *Danemark* – Kiel *Allemagne* ou Hambourg *Allemagne*
(Voyage circulaire : 7 jours)

Tarifs :
Voyage circulaire : 965 DM
Soit 137 DM par jour

Bateaux :
ATLANTIS, PINGUIN, SABINE, GISELA : 1 500 tonnes, 1 à 5 passagers

MAURITIUS SHIPPING CORPORATION

Coraline
Nova Building
1 Military road, Abercombie
Port Louis   Ile Maurice
Tél : 241 25 50 ou 242 52 55   **Fax** : 242 52 45
(Indicatif : 230)

Compagnie de navigation appartenant au gouvernement de l'Ile Maurice et dont le cargo mixte MAURITIUS PRIDE assure des liaisons régulières pour le fret et les passagers entre l'Ile Maurice et d'autres îles de l'océan Indien.

117 Port-Louis *Ile Maurice* – Ile Rodrigues *Ile Maurice* – Iles de l'Océan Indien telles que La Réunion ou les îles Seychelles et parfois Durban *Afrique du Sud*

Tarifs :
Port-Louis – La Réunion (10-12 heures) : 1 680 Rs /2 640 Rs (Fréquence tri-mensuelle)
Port-Louis – Rodrigues (24-26 heures) : 1 600 Rs /3 000 Rs (Fréquence bimensuelle)
Port-Louis – Les îles Seychelles (75 heures) : 5 500 Rs / 7 500 Rs (Fréquence bimestrielle)
Port-Louis – Durban : 4 750 Rs. Aller et retour : 9 500 Rs

Enfants de moins de 12 ans : demi-tarif
Bébé de moins d'un an : 10%

Bateau :

MAURITIUS PRIDE : mis en service en 1990, construit en Allemagne, 5 234 tonnes, transporte du vrac, des conteneurs et même du bétail, ainsi que 12 passagers en 1è classe (cabines de cargo), 248 passagers en classe touriste (fauteuils), et 200 passagers sur le pont

MEDITERRANEAN GREAT LAKES LINE

Agent aux Etats-Unis :
Freighter World Cruises
180 South Lake Avenue, Suite 335
Pasadena, California 91101 USA
Tél : (818) 449 31 06 **Fax** : (818) 449 95 73
(Indicatif : 1)

Compagnie croate battant pavillon chypriote.

5 Montréal *Canada – Italie – Espagne – Portugal –*
Montréal *Canada*
(Voyage circulaire : environ 32 jours)

Tarifs :
Voyage circulaire : 2 880 $ / 3 060 $
Soit 90 $ / 95 $ par jour

Bateaux :
9 passagers

Conditions :
Age maximum : 82 ans

MEDITERRANEAN SHIPPING COMPANY

MSC
18 Chemin Rieu
Genève, CH 1208 Suisse
Tél : (22) 346 28 22 **Fax** : (22) 346 13 36
(Indicatif : 41)

Agent en France :
CHCI. Quai George V
76600 Le Havre
Tél : 35 19 78 00 **Fax** : 35 19 78 10
(demander M. Thierry Nicolas)

Agent aux Etats-Unis :
Sea the Difference
420 5th avenue, 8th floor
New York N Y 10018-2702
Tél : (212) 764 48 00 (Indicatif : 1)

Compagnie italienne relativement récente, fondée en 1970 par le capitaine Gianluigi Aponte à partir d'un seul cargo, le PATRICIA. Basée en Suisse, la MSC comprend aujourd'hui une quarantaine de cargos navigant sur un grand nombre de routes autour du monde.

La plupart peuvent accueillir 12 passagers.

Les deux plus gros cargos transportant des passagers sont le RAFAELA et le GINA (22 000 tonnes), utilisés sur la route transatlantique.

Le SEXTUM qui jauge lui aussi 22 000 tonnes, navigue vers l'Afrique du Sud.

Cette compagnie est en expansion et s'apprête à développer un service passagers vers l'Amérique du Sud, voyage que l'on pourra combiner avec un passage Europe – Etats-Unis, pour le rendre plus économique.

La cuisine à bord est méditerranéenne, abondante, et du vin italien est servi avec les repas. Les passagers disposent d'un salon et certains bateaux possèdent une piscine.

La plupart des officiers et hommes d'équipage sont italiens.

Bateaux :

ALEXA : construit en 1971, 13 276 tonnes, 4 passagers
ALEXANDRA : construit en 1972, 24 602 tonnes, 4 passagers
AURORA : construit en 1971, 13 276 tonnes, 8 passagers
JADE : construit en 1977, 28 259 tonnes, 6 passagers
LUISA : construit en 1974, 26 794 tonnes, 3 passagers
MARIA LAURA : construit en 1973, 27 784 tonnes, 5 passagers
MEE MAY : construit en 1970, 16 670 tonnes, 10 passagers
MICHELE : construit en 1971, 16 670 tonnes, 9 passagers
MSC MIRELLA : construit en 1972, 24 890 tonnes, 14 passagers
ROSEMARY : construit en 1972, 24 602 tonnes, 6 passagers
SABRINA : construit en 1973, 26 699 tonnes, 6 passagers
SEXTUM : construit en 1980, 26 751 tonnes, 12 passagers
MSC VIVIANA : construit en 1971, 23 368 tonnes, 4 passagers

Autres bateaux de la MSC :
MSC Ariane, MSC Chiara, MSC Daniela, Diego, Francesca, MSC Frederica, MSC Giovanna, MSC Laura, MSC Lucy, Ornella, P.O.L. Gdynia, Regina, Rosa M., Stefania, MSC Valeria

Conditions :
Age maximum : 75 ans

6 Anvers *Belgique* – Brême *Allemagne* – Hambourg *Allemagne* – Felixstowe *Grande-Bretagne* – Le Havre *France* – Boston *Massachusetts USA* – New York *USA* – Baltimore *Maryland USA* – Wilmington *Caroline du Nord USA*
(Voyage circulaire : environ 28 jours)

Tarifs :
Voyage circulaire : 3 200 $
Soit 114 $ par jour

Anvers – Boston/New York : 1 600 $ / 2 160 $
Même prix dans l'autre sens
Le Havre – Boston/New York : 1 400 $ / 1 890 $
Boston/New York – Le Havre : 2 100 $ / 2 835 $

13 Anvers *Belgique* – Felixstowe *Grande-Bretagne* – Charleston *Caroline du Sud USA* – Miami *Floride USA* – Houston *Texas USA* – Savannah *Géorgie USA* – Charleston *Caroline du Sud USA* – Anvers *Belgique*
(Voyage circulaire : environ 28 jours)

Tarifs :
Sur une base journalière d'environ 125 $
Felixstowe – Charleston : 10 jours
Felixstowe – Miami : 12 jours
Felixstowe – Houston : 14 jours
Felixstowe – Savannah : 18 jours
Charleston – Anvers : 9 jours

49 Anvers *Belgique* – Felixstowe *Grande-Bretagne* – Alexandrie *Egypte* – Ashdod *Israël* – Haïfa *Israël* – Limassol *Chypre* – éventuellement : Naples *Italie* – Lisbonne *Portugal* – Hambourg *Allemagne* – Brême *Allemagne* – Anvers *Belgique* – Rotterdam *Hollande* – Felixstowe *Grande-Bretagne*
(Voyage circulaire : environ 28 jours)

Tarifs :
Voyage circulaire : 3 000 $
Soit 107 $ par jour
Europe – Méditerranée Orientale : 1 200 $ / 1 700 $

65 Anvers *Belgique* – Felixstowe *Grande-Bretagne* – Le Cap *Afrique du Sud* – Port Elizabeth *Afrique du Sud* – Durban *Natal Afrique du Sud* – Port Elizabeth *Afrique du Sud* – Le Cap *Afrique du Sud* – Anvers *Belgique* – Rotterdam *Hollande* – Felixstowe *Grande-Bretagne*
(Voyage circulaire : 44 jours)

Tarifs :
Voyage circulaire : 4500 $. Soit 102 $ par jour

Felixstowe – Le Cap (18 jours) : 2000 $
Même prix dans l'autre sens
Felixstowe – Durban (21 jours) : 2500 $
Même prix dans l'autre sens

70 Felixstowe *Grande-Bretagne* – Livourne ou Naples *Italie* – Canal de Suez – Djibouti *Djibouti* – Dar es-Salaam *Tanzanie* – Tanga *Tanzanie* – Mombasa *Kenya* – Dar es Salaam *Tanzanie* – Djibouti – Canal de Suez – Naples *Italie* – Livourne *Italie* – Felixstowe *Grande-Bretagne*
(Voyage circulaire : 48 jours)

Tarifs :
Voyage circulaire : 4200 £
Soit 87 £ par jour

Felixstowe – Mombasa (28 jours) : 1950 £
Même prix dans l'autre sens

73 Felixstowe *Grande-Bretagne* – Dunkerque *France* – Rouen *France* – Nantes *France* – Pointe-des-Galets *La Réunion* – Port-Louis *Ile Maurice* – Tamatave *Madagascar* – Anvers *Belgique* – Felixstowe *Grande-Bretagne*
(Voyage circulaire : environ 56 jours)

Tarifs :
Voyage circulaire : 4 300 £
Soit 76 £ par jour
Felixstowe – La Réunion/Ile Maurice/Madagascar : 2 200 £
Même prix dans l'autre sens

82 Felixstowe *Grande-Bretagne* – *Afrique du Sud* (arrêts techniques) – Fremantle *Australie* – Sydney *Australie* – Melbourne *Australie*
(Durée : 30 à 40 jours)
Le retour d'Australie s'effectue par :
Djedda *Arabie Saoudite* – *Suez* – Gênes *Italie* – Felixstowe *Grande-Bretagne*

Tarifs :
Felixstowe – Fremantle (30 jours) : 2 400 £
Soit 80 £ par jour

Felixstowe – Sydney (37 jours) : 2 960 £
Felixstowe – Melbourne (40 jours) : 3 200 £

115 Durban *Afrique du Sud* – Pointe-des-Galets *La Réunion* – Port-Louis *Ile Maurice*

Tarifs :
Voyage circulaire : 800 $
Afrique du Sud – Océan Indien : 500 $ / 700 $

116 Durban *Afrique du Sud* – Fremantle *Australie* – Sydney *Australie* – Melbourne *Australie* – Fremantle *Australie*

Tarifs :
Afrique du Sud – Australie : 1 150 $ / 2 300 $

Agent en Allemagne :
Hamburg-Süd Reiseagentur GmbH,
Ost-West-Strasse 59
D-2000 Hamburg 11 Allemagne
Tél : (040) 3705-155 **Fax :** (040) 3705-24 20
(Indicatif : 49)

Agent au Canada :
Freighter Cruise Service
Suite 103, 5925 Monkland Avenue,
Montréal, Québec H4A 1G7 Canada
Tél : (514) 481 04 47 (Indicatif : 1)

Agent aux Etats-Unis :
Freighter World Cruise
180 South Lake Avenue #335
Pasadena, California, 91101 USA
Tél : (818) 449 31 06 **Fax :** (818) 449 95 73
(Indicatif : 1)

Les bateaux allemands de la Mineral Shipping sont des vraquiers du type “tramp”. Les officiers sont croates et ces bateaux sont bien connus de certains amateurs de voyage en cargos qui ne jurent que par cette compagnie, appréciant en particulier le confort du bord et l’accueil chaleureux.

En outre ces bateaux restent souvent plusieurs jours au port, ce qui est idéal pour profiter des escales.

Cette ligne est destinée aux voyageurs aventureux capables d'une grande souplesse dans les horaires et les lieux d'arrivée.

Conditions :
Age maximum : 82 ans

7 Rotterdam ou Delfzijl *Hollande* – Searsport *Massachusetts USA* – Wilmington *Caroline du Nord USA* – Savannah *Géorgie USA* – Rotterdam *Hollande* (Voyage circulaire : environ 33 jours)

Tarifs :
Voyage circulaire : 3 900 DM
Soit 118 DM par jour

Rotterdam – Searsport : 1 800 DM
Rotterdam – Wilmington / Savannah : 2 000 DM

A bord du CHRISTIANE :
Voyage circulaire (environ 6 semaines) :
3 900 DM / 4 300 DM
Soit 92 DM / 102 DM par jour

Rotterdam – Brunswick + Savannah : 2 000 DM / 2 200 DM

Franchise bagages : 125 Kg par personne
Chien : 400 DM Chat : 200 DM
Van : 1 300 DM. Voitures : 1 000 DM. Moto : 500 DM (avec side-car : 750 DM)

14 *Sud-Est des USA – Italie* ou *Grèce* ou *Europe du Nord – Sud-Est des USA*
(Voyage circulaire : 70 jours)

Tarifs :
Voyage circulaire : 5775 $ / 6300 $
Soit 82,50 $ / 90 $ par jour
Si le voyage est plus court, chaque jour en moins est remboursé 82,50 $ par passager. Si le voyage est plus long, le prix ne change pas.

Bateaux :
12 passagers, piscine extérieure

15 Savannah *Géorgie USA – Hollande – côte Est des USA*
(Voyage circulaire : 32/45 jours avec des arrêts de 2 à 7 jours dans les ports hollandais)

Tarifs :
Dans un seul sens : 1 160 $ / 1 290 $
Van : 850 $ / 1 300 $. Voitures : 650 $ / 780 $
Motos : 330 $

NAUTILUS LINE

Agent en Suisse :
Passenger Department
Keller Shipping AG
Postfach CH-4002 Bâle Suisse
Tél : (061) 23 79 40 **Fax :** (061) 22 48 97
(Indicatif : 41)

Appartenant à la compagnie maritime suisse Keller Shipping, la Nautilus Line assure depuis de nombreuses années la liaison entre la Méditerranée et l'Afrique de l'Ouest.

59 Valencia *Espagne* – Barcelone *Espagne* – Sète *France* – Marseille *France* – Gênes *Italie* – Las Palmas *Iles Canaries* – Dakar *Sénégal* – éventuellement : Tema *Ghana* , Lomé *Togo* , Lagos *Nigeria* , Owendo (Libreville) *Gabon* – Port Gentil *Gabon* – Douala *Cameroun* – Sekondi-Takoradi *Ghana* – Port de Méditerranée (Voyage circulaire : 42/50 jours)

Tarifs :
Voyage circulaire : 5 000 Francs suisses
Soit environ 110 Francs suisses par jour

Valencia – Dakar : 1 050 Francs suisses

Bateaux :
ANZERE : 5 482 tonnes
VILLARS : 6 100 tonnes

Conditions :
Age maximum : 70 ans
Possibilité de transporter les voitures

N.S.B. Frachtschiff-Touristik
Niederelassung Bremen, Violenstr. 22
D-2800 Bremen 1, Allemagne
Tél : (0421) 32 16 68 **Fax** : (0421) 32 40 89
(Indicatif : 49)

Agents en Grande-Bretagne :
Gdynia America Shipping Lines
Passenger Department
238 City road,
London EC1V 2QL Grande-Bretagne
Tél : (071) 251 33 89 **Fax** : (071) 250 36 25
(Indicatif : 44)

The Strand Cruise Center
Charing Cross Shopping Concourse
The Strand, London WC2N 4HZ Grande-Bretagne
Tél : (071) 836 63 63 **Fax** : (071) 497 00 78
(Indicatif : 44)

La compagnie de navigation NSB possède une vingtaine de cargos en mesure d'accueillir des passagers et navigant sur presque toutes les mers du monde ; de nouveaux bateaux sont en construction, avec des espaces prévus pour accueillir des passagers.

Pour mieux gérer tous ces voyages, la compagnie a ouvert sa propre agence dédiée au cargo, à Brême, le 1er juin 1989.
On peut la consulter pour connaître les départs dans les deux semaines à venir.
Les escales durent entre 6 et 12 heures, sauf en Australie, en Afrique, en Inde et en Amérique du Sud, où elles durent de 1 à 3 jours.
La plupart des bateaux sont équipés d'un sauna, un gymnase, un salon vidéo, une buanderie et une piscine.
Prix moyen par jour : 100 DM à 160 DM.

Conditions :
Age minimum : 15 ans. Age maximum : 79 ans
Pas de limite aux bagages personnels

23 Brême/Hambourg *Allemagne* – Anvers *Belgique* – Bilbao *Espagne* – Tuxpan *Mexique* – Veracruz *Mexique* – Houston *Texas USA* – Anvers *Belgique* – Brême/Hambourg *Allemagne*
(Voyage circulaire : environ 7 semaines)

Tarifs :
Voyage circulaire : 4900 DM / 6400 DM
Soit 100 DM / 130 DM par jour

Bateau :
BLACK FALCON (25855 tonnes, 6 passagers)

68 Thamesport *Grande-Bretagne* – Anvers *Belgique* – Rotterdam *Hollande* – Le Havre *France* – Le Pirée *Grèce* – Suez *Egypte* – Djedda *Arabie Saoudite* – Hodeïda *Yemen* – Yanbu *Arabie Saoudite* – Salerne *Italie* – Valencia *Espagne* – Thamesport *Grande-Bretagne*
(Voyage circulaire : environ 42 jours)

Tarifs :
Voyage circulaire : 5 880 DM / 6 720 DM
Soit 140 DM / 160 DM par jour

Bateau :
RED SEA ENDURANCE : construit en 1986, 22 500 tonnes

74 Hambourg *Allemagne* – Anvers *Belgique* – Canal de Suez – Aqaba *Jordanie* – Dubaï *Emirats Arabes Unis* – Karachi *Pakistan* – Bombay *Inde* – Canal de Suez – Felixstowe *Grande-Bretagne* – Hambourg *Allemagne*
(Voyage circulaire : environ 51 jours)

Tarifs :
Voyage circulaire : 5 610 DM / 7 650 DM
Soit 110 DM / 150 DM par jour

Hambourg – Karachi (22 jours) : 2 530 DM / 3 300 DM
Hambourg – Bombay (27 jours) : 2 970 DM / 4 050 DM
Assurance-déviation obligatoire :
280 DM / 650 DM selon l'âge du passager

Bateaux :
3 porte-conteneurs, construits en 1986/88, 22 500 tonnes, 2/4 passagers, sauna, gymnase, piscine

79 Thamesport *Kent Grande-Bretagne* – Le Havre *France* – Damiette *Egypte* – Djedda *Arabie Saoudite* – Al Fujayrah *Emirats Arabes Unis* – Singapour – Hong Kong – Pusan *Corée du Sud* – Kobe *Japon* – Yokohama *Japon* – Keelung (Chilung) *Taiwan* – Hong Kong – Singapour – Colombo *Sri Lanka* – Damiette *Egypte* – Marseille *France* – Barcelone *Espagne* – Hambourg *Allemagne* – Rotterdam *Hollande* – Anvers *Belgique* – Thamesport *Kent Grande-Bretagne*
(Voyage circulaire : environ 83 jours)

Tarifs :
Thamesport – Singapour (33 jours) : 3 950 DM / 5 280 DM
Soit 120 DM / 160 DM par jour

Thamesport – Hong Kong (37 jours) : 4 440 DM / 5 920 DM
Thamesport – Yokohama (43 jours) : 5 160 DM / 6 880 DM

Bateaux :
VILLE DE NEPTUNE, VILLE DE VENUS, construits en 1988, 22 500 tonnes

80 Valencia *Espagne* – Fos-sur-Mer *France* – La Spezia *Italie* – Larnaka *Chypre* – Port Saïd/Suez *Egypte* – Djedda *Arabie Saoudite* – Khor Fakkan *Emirats Arabes Unis* – Singapour – Kaohsiung *Taiwan* – Hong Kong – Singapour – Khor Fakkan *Emirats Arabes Unis* – Djedda *Arabie Saoudite* – Suez/Port Saïd *Egypte* – Larnaka *Chypre* – Valencia *Espagne* (Voyage circulaire : environ 59 jours)

Tarifs :
Voyage circulaire : 7080 DM / 9440 DM
Soit 120 DM / 160 DM par jour

Bateaux:
CHOYANG STAR : construit en 1989, 26 250 tonnes
JAPAN SENATOR : construit en 1990, 26 000 tonnes

81 Felixstowe *Grande-Bretagne* – Hambourg *Allemagne* – Rotterdam *Hollande* – Dunkerque *France* – Barcelone *Espagne* – Fos-sur-mer *France* – La Spezia *Italie* – Port Saïd *Egypte* – Canal de Suez – Melbourne *Australie* – Sydney *Australie* – Nouméa *Nouvelle-Calédonie* – Keelung (Chilung) *Taiwan* – Hong Kong – Singapour – Canal de Suez – Port Saïd *Egypte* – Salerne *Italie* – Felixstowe *Grande-Bretagne* (Voyage circulaire : 84/88 jours)

Tarifs :
Voyage circulaire : 4500 £ / 6100 £
Soit 52 £ / 70 £ par jour

Felixstowe – Melbourne (34 jours) : 1900 £ / 2800£
Felixstowe – Sydney (39 jours) : 2450 £ / 3100 £
Felixstowe – Hong Kong (57 jours) : 3350 £ / 4300 £
Felixstowe – Singapour (62 jours) : 3600 £ / 4700 £

Bateaux :
La série des CONTSHIP (IPSWICH, LA SPEZIA, JORK, AUSTRALIA, BARCELONA, GERMANY, FRANCE), construits entre 1990 et 1993, 22500 tonnes, 10 passagers

Conditions :
Age maximum : 79 ans

89 **Ligne tour du monde :**
Brême *Allemagne* – Felixstowe *Grande-Bretagne* – Anvers *Belgique* – Le Havre *France* – New York *USA* – Norfolk *Virginie USA* – Savannah *Géorgie USA* – Cristobal *Canal de Panama* – Long Beach *Californie USA* – Oakland *Californie USA* – Yokohama *Japon* – Osaka *Japon* – Pusan *Corée du Sud* – Kaohsiung *Taiwan* – Hong Kong – Singapour – Canal de Suez – Port Saïd *Egypte* – Rotterdam *Hollande* – Brême *Allemagne*
(Voyage circulaire : environ 3 mois)

Tarifs :
Voyage circulaire : 12600 DM / 14400 DM
Soit 140 DM / 160 DM par jour

Bateaux :
ARABIAN SENATOR, JAPAN SENATOR : construits en 1990, 26 250 tonnes, 11 passagers
NEW YORK SENATOR : construit en 1984, 33 857 tonnes, 4 passagers
SINGAPORE SENATOR : construit en 1989, 26 250 tonnes, 11 passagers

91 **Ligne tour du monde :**
Rotterdam *Hollande* – Felixstowe *Grande-Bretagne* – Le Havre *France* – New York *USA* – Norfolk *Virginie USA* – Savannah *Géorgie USA* – Canal de Panama – Papeete *Polynésie française* – Auckland *Nouvelle-Zélande* – Sydney *Australie* – Melbourne *Victoria Australie* – Singapour – Port Kelang *Malaisie* – Colombo *Sri Lanka* – Canal de Suez – Alexandrie *Egypte* – La Spezia *Italie* – Rotterdam *Hollande*
(Voyage circulaire : 84/88 jours)

Tarifs :
Voyage circulaire : 4 900 £ / 6 400 £
Soit 56 £ / 74 £ par jour

Felixstowe – Auckland (39 jours) : 2 450 £ / 3 100 £
Felixstowe – Sydney (45 jours) : 2 750 £ / 3 500 £
Felixstowe – Singapour (60 jours) : 3 500 £ / 4 500 £

Level 18, Commercial Tower, Maritime Centre
201 Kent street, Sydney, NS 2000 Australie
Tél : (2) 256 01 11 **Fax :** (2) 256 01 01 (Indicatif : 61)

Agent à Londres :
The Strand Cruise Center
Charing Cross Shopping Concourse
The Strand, London WC2N 4HZ Grande-Bretagne
Tél : (071) 836 63 63 **Fax :** (071) 497 00 78
(Indicatif : 44)

Bateau :
CITY OF DURBAN, construit en 1978, 52 055 tonnes, 6 passagers, 3 cabines doubles (douche/wc, salon vidéo, piscine)

Conditions :
Age maximum : 80 ans

67 Tilbury *Grande-Bretagne* – Le Cap *Afrique du Sud* – Port Elizabeth *Afrique du Sud* – Durban *Natal Afrique du Sud* – Port Elizabeth *Afrique du Sud* – Le Cap *Afrique du Sud* – Tilbury *Grande-Bretagne* (Durée : 18/21 jours dans chaque sens)

Tarifs :
Tilbury – Le Cap (18 jours) : 1 100 £
Même prix dans l'autre sens
Tilbury – Durban (21 jours) : 1 400 £
Même prix dans l'autre sens

Agent:
The Strand Cruise Center
Charing Cross Shopping Concourse
The Strand, London WC2N 4HZ Grande-Bretagne
Tél : (071) 836 63 63 **Fax :** (071) 497 00 78
(Indicatif : 44)

La compagnie allemande de Peter Dohle dessert l'Afrique du Nord et l'Amérique du Sud.

Bateaux :

ATLANTIC EXPRESS : construit en 1991, 14 867 tonnes, 8 passagers, 2 cabines doubles, 4 simples
BRASIL EXPRESS : construit en 1992, 14 867 tonnes, 4 passagers, une cabine double, 2 cabines simples
Ces deux bateaux possèdent un salon vidéo et une piscine
LIBERTA : construit en 1975, 4 000 tonnes, 2 cabines simples

39 Tilbury *Grande-Bretagne* – Hambourg *Allemagne* – Brême *Allemagne* – Rotterdam *Hollande* – Anvers *Belgique* – Le Havre *France* – Bilbao *Espagne* – Santos *Brésil* – Buenos Aires *Argentine* – Montevideo *Uruguay* – Sao Francisco do Sul *Brésil* – Santos *Brésil* – Tilbury *Grande-Bretagne*
(Voyage circulaire : environ 55 jours)

Tarifs :
Sur le BRASIL EXPRESS :
Voyage circulaire : 6 190 DM / 7 570 DM
Soit 112 DM / 137 DM par jour

Hambourg – Santos (22 jours) : 2 475 DM / 3 025 DM
Hambourg – Buenos Aires (26 jours) : 2 925 DM / 3 575 DM
Hambourg – Montevideo (28 jours) : 3 150 DM / 3 850 DM

Sur l'ATLANTIC EXPRESS :
Voyage circulaire : 6 190 DM / 6 880 DM
Soit 112 DM / 125 DM par jour

Hambourg – Santos : 2 475 DM / 2 750 DM
Hambourg – Buenos Aires : 2 925 DM / 3 250 DM
Hambourg – Montevideo : 3 150 DM / 3 500 DM
Assurance-déviation obligatoire : 225 DM

Conditions :
Age limite : 79 ans

P.O.L. Passenger Department
Dluga 76
80-831 Gdansk Pologne
Tél : (58) 31 48 51 **Fax** : (58) 31 59 64 (Indicatif : 48)

Agent en France :
Transpol
"Les Colonnades", 4 rue Henri Sainte-Claire-Deville
92563 Rueil-Malmaison Cedex
Tél : (1) 47 14 58 20 **Fax** : (1) 47 14 01 87

En Grande-Bretagne :
Gdynia America Lines
238 City road
London EC1V 2QL Grande-Bretagne
Tél : (071) 251 33 89 **Fax** : (071) 250 36 25
(Indicatif : 44)

Aux Etats-Unis :
Gdynia America Line
South Plainfield
1001 Durham avenue
N.J. 07080-2303
Tél : (908) 412 60 00 (Indicatif : 1)

Polish Ocean Lines a succédé à la compagnie polonaise Gdynia - America Shipping Lines en 1951 et n'a jamais cessé de proposer des cabines aux passagers sur ses bateaux. Aujourd'hui elle peut sans doute être considérée comme l'une des plus importantes compagnies de transport de passagers, car c'est elle qui offre le plus de cabines et ce, aux tarifs les plus bas. C'est certainement l'une des premières à contacter lorsqu'on veut voyager au meilleur prix.

Les cabines n'ont peut-être pas le luxe de certains cargos haut-de-gamme, mais l'atmosphère à bord des bateaux polonais est chaleureuse et conviviale. Dépaysement garanti. La plupart des officiers parlent anglais. La cuisine polonaise réserve de bonnes surprises.

En outre la POL est la compagnie qui a maintenu son service passagers contre vents et marées, même lorsque d'autres compagnies fermaient leurs cabines aux voyageurs.

C'est une importante compagnie de navigation, forte d'une centaine de cargos qui naviguent dans le monde entier.

C'était également la POL qui offrait jusqu'à la fin des années 1980 l'un des derniers services transatlantiques à bord du paquebot de ligne le STEFAN BATORY, un bateau au charme désuet et à l'ambiance inoubliable.

Conditions :

Enfants de moins de 6 ans : 25% de réduction
Entre 6 et 12 ans : 50% de réduction
Franchise bagages : 125 kilos
Taxes de port :
Pour un voyage aller-simple : 40 $
Pour un voyage circulaire : 80 $

17 Brême *Allemagne* – Le Havre *France* – Houston *Texas USA* – New Orleans *Louisiane USA* – Savannah *Géorgie USA* – Rotterdam *Hollande* – Brême *Allemagne*
(Voyage circulaire : 33/35 jours)

Tarifs :
Voyage circulaire : 1 700 $
Soit 50 $ par jour

Europe – Houston : 800 $. Dans l'autre sens : 900 $
Europe – New Orleans : 850 $. Dans l'autre sens : 850 $
Europe – Savannah : 950 $. Dans l'autre sens : 800 $

27 Port d'*Europe de l'Ouest* – Santo Domingo *République Dominicaine* – Puerto Cabello *Venezuela* – Cartagena *Colombie* – Cristobal *Panama* – Puerto Limon *Costa Rica* – Puerto Cortes *Honduras* – Santo Tomas de Castilla *Guatemala* – New Orleans/Houston *USA* – Columbia *USA* – Port d'*Europe de l'Ouest*
(Voyage circulaire : environ 80 jours)

Tarifs :
Voyage circulaire : 3 000 $
Soit 37,5 $ par jour

Europe – République Dominicaine : 850 $
Europe – Venezuela/Colombie (20/22 jours) : 900 $

Europe – Costa Rica (24 jours) : 1 050 $
Europe – Honduras (26 jours) : 1 150 $
Europe – Guatemala (28 jours) : 1 300 $
Europe – New Orleans / Houston : 1 400 $

Bateaux :
KUZNICA, JASTARNIA BOR, WLADYSLAWOWO, tous trois 10 000 tonnes, 12 passagers, 5 cabines doubles, 2 cabines simples

37 Hambourg *Allemagne* – Iles Canaries – Rio de Janeiro/Santos *Brésil* – Montevideo *Uruguay* – Buenos Aires *Argentine* – Santos *Brésil* – Ilheus/Salvador *Brésil* – Iles Canaries – Port d'*Europe de l'Ouest*
(Voyage circulaire : environ 70 jours)

Tarifs :
Voyage circulaire : 3 000 $
Soit 42 $ par jour

Hambourg – Canaries (7 jours) : 450 $
Hambourg – Brésil (20 jours) : 850 $
Hambourg – Montevideo (23 jours) : 950 $
Hambourg – Argentine (25 jours) : 1 050 $

Brésil – Argentine : 200 $
Iles Canaries – Brésil (13 jours) : 600 $
Iles Canaries – Buenos Aires (25 jours) : 800 $

Bateaux :
WARSZAWA II, KRAKOW II, BYDGOSZCZ, tous trois 11 500 tonnes, 12 passagers, 5 cabines doubles, 2 cabines simples

41 Gdynia *Pologne* – Hambourg *Allemagne* – Anvers *Belgique* – Canal de Panama – Guayaquil *Equateur* – Callao *Pérou* – Arica *Chili* – Antofagasta *Chili* – Valparaiso *Chili* – Détroit de Magellan – *Brésil* – Hambourg *Allemagne* – Gdynia *Pologne*
(Voyage circulaire : environ 100 jours)

Tarif :
Voyage circulaire : 3 800 $
Soit 38 $ par jour

42 Gdynia *Pologne* – Hambourg *Allemagne* – Anvers *Belgique* – Canal de Panama – Valparaiso *Chili* – Callao *Pérou* – Antofagasta *Chili* – Arica *Chili* – Guayaquil *Equateur* – Canal de Panama – Hambourg *Allemagne* – Gdynia *Pologne*
(Voyage circulaire : environ 80 jours)

Tarifs :
Voyage circulaire : 3 000 $
Soit 37 $ par jour

Hambourg – Panama : 900 $
Hambourg – Guayaquil (20 jours) : 1 000 $
Hambourg – Callao (24 jours) : 1 150 $
Hambourg – Arica : 1 300 $
Hambourg – Valparaiso (28 jours) : 1 500 $

Bateaux :
POLONIA, RADOM, LODZ II, LUBLIN II, tous les quatre 11 500 tonnes

46 Gdynia *Pologne* – Aarhus *Danemark* – *Turquie* – Alexandrie *Egypte* ou *Israël* – Casablanca *Maroc* – Gdynia *Pologne*
(Voyage circulaire : 45/55 jours)

Tarifs :
Voyage circulaire de Gdynia à Gdynia : 1 500 $
Soit 33 $ par jour

Gdynia – Casablanca : 450 $
Gdynia – Turquie : 550 $
Gdynia – Alexandrie : 700 $
Gdynia – Israël : 950 $

Bateaux :
(Cargos conventionnels) RADZIONOKOW, SIEMATYCZE, WIELICZKA, CHLEM, OSTROLEKA, tous les cinq 5 500 tonnes

52 Aarhus *Danemark* ou Hambourg *Allemagne* ou Anvers *Belgique* – Casablanca *Maroc* ou La Valette *Malte* – Alexandrie *Egypte* – Beyrouth *Liban* – Lattaquié *Syrie* – Limassol *Chypre* – Mersin *Turquie* – Port d'*Europe de l'Ouest*
(Voyage circulaire : 30/35 jours)

Tarifs :
Voyage circulaire : 1 200 $
Soit environ 35 $ par jour

Gdynia – Casablanca / Tunis : 400 $
Gdynia – La Valette : 450 $
Gdynia – Alexandrie : 550 $
Gdynia – Lattaquié : 600 $

Bateaux :
ZERAN, DEBICA, WLOCLAWEK, CHODZIEZ, tous les quatre : 7 000 tonnes, 6 passagers, 3 cabines doubles

58 Hambourg *Allemagne* – Anvers *Belgique* – Las Palmas *Iles Canaries* – Dakar *Sénégal* – Freetown *Sierra Leone* – Monrovia *Libéria* – Abidjan *Côte-d'Ivoire* – Tema *Ghana* – Lagos *Nigeria* – Douala *Cameroun* – Port d'*Europe de l'Ouest*
(Voyage circulaire : 60/80 jours)

Tarifs :
Voyage circulaire : 1 500 $
Soit 25 $ par jour

Hambourg – Las Palmas : 300 $ / 330 $
Hambourg – Dakar/ Banjul / Freetown / Monrovia : 500 $ / 550 $
Hambourg – Abidjan / Tema / Lomé / Cotonou : 600 $ / 660 $
Hambourg – Lagos / P. Harcourt / Douala : 700 $ / 770 $
Las Palmas – Abidjan / Tema / Lomé / Cotonou : 400 $ / 440 $
Las Palmas – Lagos / P. Harcourt / Douala : 450 $ / 495 $

Bateaux :
ZAKOPANE, ZAMBROW, ZAWICHOST, ZABRZE, ZAWIERCIE, tous les cinq : 7 000 tonnes

72 *Suède* ou Anvers *Belgique* – Port-Soudan *Soudan* – Aqaba *Jordanie* – Djedda *Arabie Saoudite* – Mombasa *Kenya* ou Dar es-Salaam *Tanzanie* – Iles Comores – Le Cap *Afrique du Sud* – Port d'*Afrique de l'Ouest* – Port d'*Europe de l'Ouest*
(Voyage circulaire : 120/150 jours)

Tarifs :
Voyage circulaire : 4 500 $
Soit 37 $ par jour

Europe – Port Saïd : 600 $
Europe – Port-Soudan : 650 $
Europe – Djedda : 900 $
Europe – Aqaba : 650 $
Europe – Mombasa ou Dar es-Salaam : 1 200 $
Europe – Iles Comores : 1 400 $

Bateaux :
JURATA, ZYGMUNT STARY, ZYGMUNT III WAZA, JAGIETTO, 8 500 tonnes, 12 passagers, 6 cabines doubles

75 Hambourg *Allemagne* ou Brême *Allemagne* – Karachi *Pakistan* – Bombay *Inde* – Colombo *Sri Lanka* – Madras *Inde* – Calcutta *Inde* – Anvers *Belgique*
(Voyage circulaire : 130/150 jours)

Tarifs :
Voyage circulaire : 4 000 $
Soit 30 $ par jour
Hambourg – Karachi : 1 400 $
Hambourg – Bombay : 1 550 $
Hambourg – Colombo : 1 650 $
Hambourg – Madras : 1 800 $
Hambourg – Calcutta : 1 900 $

Bateaux :
MAJOR SUCHARSKI, GRUNWALD, 8 000 tonnes

78 Port d'*Europe de l'Ouest* – Canal de Suez – Singapour – Djakarta *Java* – Surabaya *Java* – Bangkok *Thaïlande* – Saïgon *Viêt-nam* – Port de l'*Europe de l'Ouest*
(Voyage circulaire : 120/130 jours)

Tarifs :
Voyage circulaire : 3 300 $
Soit 27 $ par jour

Europe – Djakarta : 1 200 $
Europe – Surabaya : 1 300 $
Europe – Bangkok : 1 400 $
Europe – Saïgon : 1 200 $
Europe – Singapour : 1 150 $

Bateaux :
KONIN, URSUS, MODRZEWSKI, 8 000 tonnes

87 Tilbury *Grande-Bretagne* – Middlesbrough *Grande-Bretagne* – Gdynia *Pologne* – Tilbury *Grande-Bretagne*
(Voyage circulaire : 7 jours)

Tarifs :
Voyage circulaire : 246 £
Soit 35 £ par jour

Tilbury – Gdynia : 126 £
Gdynia – Tilbury : 96 £

Bateau :
INOWROCLAW : 8 700 tonnes, 12 passagers

Agent en Allemagne :
Hamburg-Süd Reiseagentur GmbH
Ost-West-Strasse 59
D-2000 Hamburg 11 Allemagne
Tél : (040) 3705-155 **Fax :** (040) 3705-24 20
(Indicatif : 49)

Cette ligne relie l'Allemagne au Venezuela en passant par les Petites Antilles et la côte Nord de l'Amérique du Sud.

33 Brême *Allemagne* ou Rotterdam *Hollande* – Felixstowe *Grande-Bretagne* – Paramaribo *Surinam* – Georgetown *Guyana* – Port of Spain *Trinidad* – La Guaira *Venezuela* – Willemstad *Curaçao Antilles néerlandaises* – Oranjestad *Aruba* – Cartagena *Colombie* – Puerto Cabello *Venezuela* – Guanta *Venezuela* – Rotterdam *Hollande* ou Brême *Allemagne*
(Voyage circulaire : environ 44 jours)

Tarifs :
Voyage circulaire : 4 840 DM
Soit 110 DM par jour

Rotterdam – Paramaribo (14 jours) : 1 540 DM
Rotterdam – Georgetown (16 jours) : 1 760 DM
Rotterdam – Port of Spain (19 jours) : 2 090 DM
Rotterdam – La Guaira (20 jours) : 2 200 DM
Rotterdam – Willemstad (21 jours) : 2 310 DM
Rotterdam – Oranjestad (22 jours) : 2 420 DM
Rotterdam – Cartagena (24 jours) : 2 640 DM
Assurance-déviation obligatoire : 200 DM

Bateau :
EWL VENEZUELA : construit en 1982, 5 260 tonnes, 5 passagers, 5 cabines simples

Au Canada :
Tél : (418) 723 87 87 (Indicatif : 1)

Agent en Grande-Bretagne :
The Strand Cruise Center
Charing Cross Shopping Concourse
The Strand, London WC2N 4HZ Grande-Bretagne
Tél : (071) 836 63 63 **Fax :** (071) 497 00 78
(Indicatif : 44)

Compagnie canadienne qui assure depuis quelques temps la liaison entre Rimouski, dans les Bouches du Saint-Laurent et les petits ports à l'extrême Est du Québec.

Un départ chaque semaine entre avril et octobre. C'est aussi une façon spectaculaire de voir baleines bleues et bélougas. Il est recommandé de réserver un mois à l'avance.

111 **Voyage côtier sur la côte Est du Canada (Québec) :**
Rimouski – Sept-Iles – Port Menier (Ile Anticosti) – Havre-Saint-Pierre – Baie Johan Beetz – Natashquan – Kegashka – La Romaine – Harrington Harbour – Tête-à-la-Baleine – La Tabatière – Saint Augustin – Vieux-Fort – Blanc-Sablon – Vieux-Fort – Saint Augustin – La Tabatière – Tête-à-la-Baleine – Harrington Harbour – La Romaine – Kegashka – Natashquan –

Baie Johan Beets – Havre-Saint-Pierre –
Port-Menier – Sept-Iles – Rimouski
(Voyage circulaire : 7 jours)

Tarifs :
Voyage circulaire : 190 £
Soit 27 £ par jour
Les repas ne sont pas inclus dans le prix du billet :
Petit déjeuner : 3,50 £ Déjeuner : 6,50 £ Dîner : 7 £

Bateau :
NORDIK EXPRESS : 1 619 tonnes, 60 passagers, 15 cabines à 4 lits, salon, vidéo, cafeteria, restaurant

BP Centre, Thibault Square
Cape Town 8001
PO Box 27 & 2171
Cape Town 8000 Afrique du Sud
Tél : (021) 408 69 11 **Fax** : (021) 408 65 13
(Indicatif : 27)

Agents en Grande-Bretagne :
Pathfinder Windward Terminal
PO Box 154
Herbert Walker Avenue
Southampton Hampshire SO1 OXP Grande-Bretagne
Tél : (703) 33 3388 **Fax** : (703) 71 4059 (Indicatif : 44)

The Strand Cruise Center
Charing Cross Shopping Concourse
The Strand, London WC2N 4HZ Grande-Bretagne
Tél : (071) 836 63 63 **Fax** : (071) 497 00 78 (Indicatif : 44)

Autrefois, Safmarine assurait le transport du courrier entre le Royaume-Uni et l'Afrique du Sud. En 1977, son dernier bateau postal, le S.A. VAAL, s'est arrêté.

Aujourd'hui, quatre porte-conteneurs blancs construits en France (connus sous le nom de "Big Whites") constituent la bannière de cette compagnie sud-africaine qui assure la liaison régulière entre la Grande-Bretagne et l'Afrique du Sud, à raison d'une rotation tous les 9 jours (27 voyages par an dans chaque sens).

A bord, le service est haut-de-gamme.

Bateaux :

S.A. WINTERBERG, S.A. WATERBERG, .S.A. HELDERBERG, S.A. SEDERBERG, tous quatre construits entre 1977 et 1978, 55 000 tonnes, 10 passagers, 5 cabines doubles, bibliothèque, salon vidéo, buanderie, steward, ascenceurs, télévision couleur dans chaque cabine

Conditions :

Age minimum : 2 ans

Pas d'âge maximum, mais un certificat médical est demandé à tous les passagers

66 Tilbury *Grande-Bretagne* – Le Havre *France* – Le Cap *Afrique du Sud* – Zeebrugge *Belgique* – Tilbury *Grande-Bretagne*

(Durée : 18/21 jours dans chaque sens)

Tarifs :

Tilbury – Le Cap : 1 800 $ / 2 400 $

Même prix dans l'autre sens

Soit 100 $ / 133 $ par jour

Fréquence :

Un départ tous les 9 jours

ST HELENA SHIPPING COMPANY

The Shipyard, Portleven
Helston, Cornwall TR13 9JA Grande-Bretagne
Tél : (0326) 56 34 34 **Fax :** (0326) 56 43 47 (Indicatif : 44)

Agent à Londres :
The Strand Cruise Center
Charing Cross Shopping Concourse
The Strand, London WC2N 4HZ Grande-Bretagne
Tél : (071) 836 63 63 **Fax :** (071) 497 00 78
(Indicatif : 44)

Agent en Afrique du Sud :
St Helena Line Pty. Ltd., 2nd floor
B.P. Centre, Thibault Square
Cape Town, Afrique du Sud
Tél : (21) 25 11 65 **Fax :** (21) 21 74 85 (Indicatif : 27)

C'est l'une des seules lignes à opérer la liaison passagers avec l'île de Sainte Hélène. Cet ancien "bateau du courrier" est l'un des rares cargos mixtes en circulation ; plein de charme, il propose un voyage à nul autre pareil.

Bateau :
ST HELENA, construit en 1990, 6767 tonnes, 128 passagers, salons, bar, restaurant, bibliothèque, magasin, piscine, hôpital

Conditions :
Pas de limite d'âge

63 Cardiff *Grande-Bretagne* – Tenerife *Iles Canaries* – Sainte-Hélène – Le Cap *Afrique du Sud* – Sainte-Hélène – Ile de l'Ascencion – Tenerife *Iles Canaries* – Cardiff *Grande-Bretagne*
(Durée : environ 28 jours dans chaque sens)

A noter :

– Lors des voyages vers le Sud, les passagers doivent obligatoirement débarquer à Sainte-Hélène et y demeurer parfois jusqu'à 8 jours à leurs frais. (Arrangements faits par la compagnie).

– Une fois par an, le bateau opère la liaison entre Le Cap et les îles Tristan da Cunha.

Tarifs :
Cardiff – Le Cap : 1 230 £ / 2 214 £
Soit 43 £ / 79 £ par jour

Agent en Allemagne :
Hamburg-Süd Reiseagentur GmbH
Ost-West-Strasse 59
D-2000 Hamburg 11 Allemagne
Tél : (040) 3705-155 **Fax :** (040) 3705-24 20
(Indicatif : 49)

Agent en Grande-Bretagne :
Batory Cruise Club
238 City road
Londres EC1V 2QL Grande-Bretagne
Tél : (071) 251 33 89 **Fax :** (071) 250 36 25 (Indicatif : 44)

Compagnie allemande dont les bateaux naviguent sur une route autour du monde dans le sens Est-Ouest. Six cargos acceptent des passagers sur cette route.

90 **Ligne tour du monde :**
Brême *Allemagne* – Anvers *Belgique* – Felixstowe *Grande-Bretagne* – Philadelphie *New Jersey USA* – Jacksonville *Floride USA* – Canal de Panama – Long Beach *Californie USA* – Oakland *Californie USA* – Yokohama *Japon* – Pusan *Corée du Sud* – Kaohsiung *Taiwan* – Hong Kong – Singapour – Suez – Rotterdam *Hollande* – Brême *Allemagne*
(Voyage circulaire : environ 84 jours)

Tarifs :
Voyage circulaire : 9350 DM / 15940 DM
Soit 110 DM / 190 DM par jour

Bateaux :
(Porte-conteneurs) SINGAPORE SENATOR, HONG KONG SENATOR, JAPAN SENATOR, NEW YORK SENATOR, BREMEN SENATOR, de 20000 à 25000 tonnes, 6 à 10 passagers

SHIPPING CORPORATION OF INDIA

SCI, Shipping House
245 Madame Cama road
Bombay 400 021 Inde
Fax : 22 202 2949 (Indicatif : 91)

Compagnie de navigation indienne qui assure la liaison entre le continent indien et les îles Andaman et Nicobar dans le Golfe du Bengale, sur trois cargos, dont le NANCOWRY, récemment construit en Pologne, et en mesure d'accueillir 1 194 passagers.

123 Calcutta *Inde* – Madras *Inde* – Vishakhapatnam *Inde* – Port Blair *Iles Andaman Inde* – Car Nicobar *Iles Nicobar Inde* – Maya Bunder *Iles Nicobar Inde* – Calcutta *Inde*

Tarifs :
Calcutta – Port Blair : 188 INR
Madras – Port Blair : 188 INR
Vishakhapatnam – Port Blair : 188 INR

Bateaux :
NANCOWRY : 11 195 tonnes, 1 194 passagers
AKBAR : construit en 1971, 8 279 tonnes, 1 575 passagers
HARSHA-VARDHANA : construit en 1974, 8 871 tonnes, 749 passagers

Fréquence :
Un départ environ tous les 10 jours

A noter :
Les passagers étrangers doivent obtenir un permis du “Ministry of Home Affairs” pour ce voyage

Seascot Shiptrading Ltd
45 Carrick street
Glasgow G2 8PJ Grande-Bretagne
Tél : (041) 226 37 33 **Fax** : (041) 204 32 76
(Indicatif : 44)

Basée en Ecosse, cette petite compagnie propose des cabines confortables sur ses trois vraquiers qui sont des “tramps”, c'est-à-dire que leur itinéraire est fonction de la demande et ils n'ont donc pas de routes régulières.

On peut généralement connaître leurs engagements et leurs itinéraires deux mois à l'avance. Il faut donc se renseigner auprès d'eux lorsqu'on décide de partir en voyage.

Le prix des billets est calculé sur la base de 90 $ / 100 $ par jour, et les passagers peuvent monter et descendre du bateau au port de leur choix.

Bateaux :
TAMAMIMA, TAMATHAI : construits en 1978/79, 18 500 tonnes, 7 passagers, piscine
TAMAPATCHAREE : 18 500 tonnes

Agents en Allemagne :
Frachtschiff-Touristik
Exhoft 12
2341 Maasholm Allemagne
Tél : 0 4642 6202 **Fax :** 0 4642 6767 (Indicatif : 49)

Margis Reiseagentur GmbH
Stahltwiete 11
2000 Hamburg Allemagne
Tél : (040) 851 28 60 ou : (040) 851 25 97
Fax : (040) 850 50 52 (Indicatif : 49)

Hamburg-Süd Reiseagentur GmbH
Ost-West-Strasse 59
D-2000 Hamburg 11 Allemagne
Tél : (040) 3705-155 **Fax :** (040) 3705-24 20
(Indicatif : 49)

9 Anvers *Belgique* – Chester *Pennsylvanie USA* –
Philadelphie *Pennsylvanie USA* –
Richmond *Virginie USA* – Anvers *Belgique*

Tarifs :
Voyage circulaire : 3 450 DM / 3 750 DM
Dans un seul sens : 1 740 DM / 2 000 DM

Fréquence :
Un départ par mois

44 Rotterdam *Hollande* – Felixstowe *Grande-Bretagne* – Lisbonne *Portugal* – Leixoes (Porto) *Portugal* – Algeciras *Espagne* – Le Pirée *Grèce* – Palerme *Sicile Italie* – Naples *Italie* – Rotterdam *Hollande* – Felixstowe *Grande-Bretagne*
(Voyage circulaire : environ 4 semaines)

Tarifs :
Voyage circulaire : 950 £ / 1 195 £
Soit 33 £ / 42 £ par jour

Felixstowe – Le Pirée : 490 £ / 605 £

Bateau :
WIDUKIND : 15 100 tonnes, piscine

Agences et autres sources d'information

ABC CRUISE AND FERRY GUIDE

Reed Travel Group
Church street, Dunstable
Bedfordshire, LU5 4HB Grande-Bretagne
Tél : (0582) 60 01 11 **Fax :** (0582) 69 52 30
(Indicatif : 44)

En France :
Reed Travel Group, ABC France
14 rue des Parisiens
92600 Asnières
Tél : 47 90 39 00 **Fax :** 47 90 06 43

Pour qui cherchait à voyager en cargo ou en paquebot de ligne, le **ABC Shipping Guide** (brochure mensuelle destinée aux agences de voyage) a longtemps été une véritable bouée de sauvetage, la seule publication permettant de connaître, plusieurs mois à l'avance, les principaux itinéraires et tarifs des bateaux, ainsi que les coordonnées des compagnies proposant des cabines sur leurs cargos. La section cargos constituait une petite partie de cette publication, consacrée pour l'essentiel à la croisière et aux ferries du monde entier.

En mars 1993, le fameux **ABC Shipping Guide** aux feuilles fines comme des pages d'annuaire a disparu, cédant la place à une nouvelle formule en papier glacé, qui ne paraît plus que 4 fois par an, et s'intitule désormais : **ABC Cruise and Ferry Guide**, un titre d'où semblent exclus les cargos.

Sans doute stimulée par le boom de la croisière, cette brochure fait la part belle aux paquebots de croisière, proposant un inventaire détaillé des croisières dans les îles, mais aussi sur les fleuves, le long des côtes, et même à bord de grands voiliers. On peut également y trouver des compte-rendus commentés par les membres d'une équipe de spécialistes qui voyagent régulièrement à bord des 150 principaux paquebots du monde pour donner leur avis sur chacun.

Comme le titre l'indique, les ferries composent l'autre moitié de cette brochure, et l'on peut y trouver tous les renseignements souhaitables (horaires, tarifs) concernant les ferries, grands ou petits, du monde entier.

La section "Cargo passenger services" est toujours présente, prise en sandwich entre paquebots et ferries, mais malheureusement, contrairement à l'ancienne formule, les tarifs n'y figurent plus, ni les prévisions des dates de départs, informations qui donnaient toute leur valeur à cette section... Ce changement de politique rend la tâche du voyageur particulièrement ardue s'il veut à l'aide de cette seule brochure comparer des tarifs de compagnies; et cela le renvoie immanquablement vers les agences.

C'est sans doute qu'aujourd'hui les agences de voyage spécialisées dans les cargos ont pris le relais, publiant leurs propres brochures et proposant un nombre croissant de passages.

Le **ABC Cruise and Ferry Guide** n'en demeure pas moins plein de ressources et c'est un fidèle reflet du trafic maritime de passagers, surtout dans le domaine de la croisière. On y trouvera aussi des tableaux, des adresses, des index très efficaces qui permettent de mieux se repérer dans le monde mouvant de la navigation.

On peut se procurer cette brochure (plus de 300 pages) à l'adresse ci-dessus, pour la somme de 441 Fr au numéro.

Abonnement (4 numéros par an : mars, juin, septembre, décembre) : 1 470 Fr.

Le groupe Reed publie de nombreux guides de voyage destinés aux agences. Bateaux, avions, trains, hôtels, fret, les guides du groupe Reed sont une référence incontournable.

LE CARGO CLUB

Librairie Ulysse
26 rue Saint-Louis-en-l'Ile
75004 Paris
Tél : 43 25 17 35 **Fax :** 43 29 52 10

Créée en 1971 par Catherine Domain, la librairie Ulysse est spécialisée dans le voyage et les cartes. C'est un pôle par lequel passent de nombreux voyageurs et globe-trotters.

Située au cœur de Paris et sur une île au milieu de la Seine, la librairie est l'escale idéale pour ancrer le Cargo Club qui se propose de relayer les informations relatives au voyage en cargo et de créer un espace de rencontre.

Quel meilleur endroit qu'une librairie pour préparer un voyage en bateau ?

FRACHTSCHIFF-TOURISTIK

Exhöft 12
D-2341 Maasholm Allemagne
Tél : 0 4642 6202 **Fax** : 0 4642 6767 (Indicatif : 49)

Cette petite agence est entièrement spécialisée dans le voyage en cargo. Elle est née en 1986 sous l'impulsion de Peter Zylman, ancien capitaine au long cours. Son agence représente aujourd'hui une trentaine de compagnies de navigation.

Sa sympathique brochure est abondamment illustrée de dessins, de cartes et de photos prises à bord des cargos de passagers. On y trouve plus de soixante voyages dans le monde entier. Elle n'existe qu'en allemand. Non seulement les compagnies n'y sont pas mentionnées mais les noms des bateaux et des compagnies sont même systématiquement masqués sur les photos !

76 Hambourg *Allemagne* – Felixstowe *Grande-Bretagne* – Rotterdam *Hollande* – Canal de Suez – Al-Fujayrah *Emirats Arabes Unis* – Karachi *Pakistan* – Bombay *Inde* – Colombo *Sri Lanka* – Karachi *Pakistan* – Canal de Suez – Hambourg *Allemagne*
(Voyage circulaire : environ 53 jours)

Tarifs :
Voyage circulaire : 8 110 DM
Soit 153 DM par jour

Hambourg – Karachi (23 jours) : 3 610 DM / 3 955 DM
Même prix dans l'autre sens
Hambourg – Bombay (28 jours) : 4 360 DM / 4 780 DM
Même prix dans l'autre sens
Hambourg – Colombo (33 jours) : 5 110 DM / 5 605 DM
Colombo – Hambourg (25 jours) : 3 910 DM / 4 285 DM

Bateaux :
Construits en Allemagne en 1991, 14 100 tonnes, piscine

FREIGHTER CRUISE SERVICE

Suite 103, 5925 Monkland Avenue
Montréal, Québec H4A 1G7 Canada
Tél : (514) 481 04 47 (Indicatif : 1)

Freighter Cruise Service est sans doute l'une des plus anciennes agences de voyage spécialisée dans les cargos, puisqu'elle fut créée en 1956 à la suite d'un inoubliable voyage. Mrs Geraldine Simpson, une femme de caractère, tenait un salon de thé et une boutique au Québec. Ayant décidé d'aller en Egypte, elle choisit alors le cargo pour mettre à profit les nombreuses escales qui lui permettraient d'acheter des objets pour sa boutique au Canada.

En prenant sa réservation, elle découvre qu'elle est la seule touriste à bord, alors qu'il y a 50 places disponibles sur le cargo. Du coup, s'improvisant agent de voyage, Geraldine Simpson parvient à vendre les 49 autres places en trois semaines. Une vocation est née.

Mais voilà, c'était compter sans les aléas des conflits mondiaux : la crise du Canal de Suez éclate. Seuls 9 passagers ne se désistent pas. Mrs Simpson n'en fait pas moins un voyage mémorable en Méditerranée, qui a changé le cours de sa vie.

Comprenant qu'il existe une réelle demande pour le voyage en cargo, elle décide de créer, dès son retour à Montréal, une agence spécialisée.

Au cours de sa vie, Mrs Simpson a eu l'occasion de parcourir le monde en cargo. Aujourd'hui c'est sa fille, Mary Simpson, qui a repris le bureau. Leur brochure propose une cinquantaine de voyages dans le monde entier.

La devise de Freighter Cruise Service est : “You have the time. We have the ships” (“Vous avez le temps. Nous avons les bateaux”).

Tout comme d’autres d’agences, les voyages proposés dans la brochure ne mentionnent pas le nom de la compagnie de navigation. C’est pourquoi on retrouve un voyage sous cette rubrique :

2 Zeebrugge *Belgique* – Montréal *Canada* – éventuellement : 1 ou 2 ports sur le Saint-Laurent *Canada* – Zeebrugge *Belgique*

Tarifs :
Zeebrugge – Montréal (11 jours) : 1 770 $
Soit 160 $ par jour
Automobiles : 990 $
Montréal – Zeebrugge (12/14 jours) : 2 120 $

Bateaux :
70 000 tonnes, nationalité croate, 12 passagers, salon, véranda, salle de lecture, piscine

Conditions :
Age maximum : 80 ans

FREIGHTER WORLD CRUISES

180 South Lake Avenue #335
Pasadena, California, 91101 USA
Tél : (818) 449 31 06 **Fax** : (818) 449 95 73 (Indicatif : 1)

Cette agence basée en Californie se consacre depuis 1977 aux voyages en cargo. Elle représente une quinzaine de compagnies de navigation et sert d'intermédiaire entre les passagers et des compagnies qui font leurs propres réservations.

Pour se faire connaître et proposer des voyages, cette agence – qui se dit "la plus importante agence au monde spécialisée dans le voyage en cargo" – publie un bulletin unique en son genre, illustré de photos noir et blanc, paraissant tous les 15 jours.

"Freighter Space Advisory" est distribué aux anciens clients ou par abonnement. Cette sympathique publication propose des cabines pour des départs immédiats donnant parfois lieu à des réductions et toute une série de voyages aux quatre coins du monde le plus souvent au départ des Etats-Unis.

On peut demander conseil par téléphone à Margi, Joycene ou Lyn qui semblent avoir elles-mêmes pas mal bourlingué sur des cargos.

De plus, Freighter World Cruises propose des compte-rendus de voyageurs qui permettent de se faire une idée avant de s'embarquer.

Abonnement annuel : 33 $

GDYNIA AMERICA SHIPPING LINES

Passenger Department
238 City road
London EC1V 2QL Grande-Bretagne
Tél : (071) 251 33 89 **Fax** : (071) 250 36 25
(Indicatif : 44)

Représentants en Grande-Bretagne des compagnies Polish Ocean Lines et N.S.B.

GILL'S TRAVEL

23 Heol-Y-Deri
Rhiwbina, Cardiff CF4 6YF Grande-Bretagne
Tél : (0222) 69 38 08 (Indicatif : 44)

Cette agence de voyages indépendante, créée en 1957, s'est spécialisée dans le voyage en cargo. On peut demander conseil à Mike Davies, qui a passé de nombreuses années en mer.

HAMBURG-SÜD

Reiseagentur GmbH
Ost-West str. 59, Postfach 11 15 33
2000 Hamburg Allemagne
Tél : (040) 3705-155 **Fax :** (040) 3705 24 20
(Indicatif : 49)

Cette compagnie de navigation (le second armement allemand) sert également d'agent de voyage à une dizaine d'autres compagnies. Elle propose depuis 1950 des cabines à bord des cargos.

Aujourd'hui, sa brochure offre une cinquantaine de voyages partout dans le monde. Les départs d'Allemagne sont nombreux. Cette brochure, comme d'autres, ne mentionne pas le nom des compagnies, ce qui explique que l'on retrouve certains voyages sous cette rubrique :

26 Hambourg *Allemagne* – Anvers *Belgique* – Rio Haina *République Dominicaine* – Caldera *Costa Rica* – Corinto *Nicaragua* – Acajutla *San Salvador* – (parfois le *Guatemala et* Cartagena *Colombie*) – Brême *Allemagne* – Hambourg *Allemagne*
(Voyage circulaire : environ 65 jours)

Tarifs :
Voyage circulaire : 5 700 DM / 6 840 DM
Soit 87 DM / 105 DM par jour

Europe – Caldera : 2 365 DM / 2 835 DM
Assurance-déviation obligatoire : 160 DM

Bateaux :
Construits en 1967/68, 6 500 tonnes, 4 passagers, 2 double-cabines, petite piscine

32 Hambourg *Allemagne* – Le Havre *France* – Pointe-à-Pitre *Guadeloupe* – Fort-de-France *Martinique* – *Costa Rica* ou *Guatemala* – Anvers *Belgique* – Hambourg *Allemagne*
(Voyage circulaire : 5 semaines)

Tarifs :
Voyage circulaire : 4 850 DM / 5 450 DM
Soit 138 DM / 155 DM par jour

Bateau :
7 500 tonnes, 10 passagers

38 Hambourg *Allemagne* – Brême *Allemagne* – Anvers *Belgique* – Rio de Janeiro *Brésil* – Santos *Brésil* – Rotterdam *Hollande* – Hambourg *Allemagne*
(Voyage circulaire : environ 60 jours)

Tarifs :
Voyage circulaire : 6 000 DM / 8 440 DM
Soit 100 DM / 140 DM par jour

43 Rotterdam *Hollande* – Lisbonne *Portugal* – Algeciras *Espagne* – La Valette *Malte* – Le Pirée *Grèce* – Naples *Italie* – Palerme *Sicile Italie* – Algeciras *Espagne* – Lisbonne *Portugal* – Felixstowe *Grande-Bretagne* – Rotterdam *Hollande*
(Voyage circulaire : environ 28 jours)

Tarifs :
Voyage circulaire : 3695 DM / 4620 DM
Soit 131 DM / 165 DM par jour

Rotterdam – Le Pirée : 1540 DM / 1815 DM

Bateaux :
2 porte-conteneurs, construits en 1990, 15000 tonnes, 4/6 passagers, salon, piscine

50 Hambourg *Allemagne* – Brême *Allemagne* – Limassol *Chypre* – Ashdod *Israël* – Haïfa *Israël* – Felixstowe *Grande-Bretagne* – Anvers *Belgique* – Rotterdam *Hollande* – Hambourg *Allemagne*
(Voyage circulaire : environ 28 jours)

Tarifs :
Voyage circulaire : 3640 DM / 4200 DM
Soit 130 DM / 150 DM par jour
Assurance-déviation obligatoire : 150 DM

Bateau :
CITY OF LONDON : construit en 1983, 16000 tonnes,

8 passagers, 3 cabines doubles, 2 cabines simples, piscine, vidéo, buanderie

53 Hambourg *Allemagne* – Rotterdam *Hollande* – Anvers *Belgique* – Alexandrie *Egypte* – Port Saïd *Egypte* – Beyrouth *Liban* – Tartus *Syrie* – Lattaquié *Syrie* – Izmir ou Mersin, *Turquie* – Salerne *Italie* – Felixstowe *Grande-Bretagne* –
Hambourg ou Brême *Allemagne*
(Voyage circulaire : environ 33 jours)

Tarifs :
Voyage circulaire : 4290 DM / 5160 DM
Soit 130 DM / 156 DM par jour

Bateau :
ANKARA : construit en 1992, 12460 tonnes, nationalité allemande, 3 passagers, 1 cabine double, 1 cabine simple

54 Hambourg ou Brême *Allemagne* – Rotterdam *Hollande* – Anvers *Belgique* – Alexandrie *Egypte* – Port Saïd *Egypte* – Beyrouth *Liban* – Lattaquié *Syrie* – Mersin ou Izmir *Turquie* – Felixstowe *Grande-Bretagne* – Hambourg *Allemagne*
(Voyage circulaire : 32 jours)

Tarifs :
Voyage circulaire : 3600 DM / 5000 DM
Soit 112 DM / 156 DM par jour

Bateaux :
Entre 6000 et 11000 tonnes

55 Rotterdam *Hollande* – Anvers *Hollande* – Felixstowe *Grande-Bretagne* – Cadix *Espagne* – Gibraltar – Tanger *Maroc* – Casablanca *Maroc* – Cadix *Espagne* – Rotterdam *Hollande*
(Voyage circulaire : environ 18 jours)

Tarifs :
Voyage circulaire : 1980 DM / 2190 DM
Soit 110 DM / 120 DM par jour

Bateau :
ELIZA HEEREN : construit en 1981, nationalité allemande, 2350 tonnes, 2 passagers, 2 cabines simples

56 Rotterdam *Hollande* – Las Palmas, Tenerife *Iles Canaries* – Vigo *Espagne* – Le Havre *France* – Rotterdam *Hollande*
(Voyage circulaire : 14 jours)

Tarifs :
Voyage circulaire : 1600 DM / 1750 DM
Soit 114 DM / 125 DM par jour

Bateau :
4000 tonnes

57 Rotterdam *Hollande* ou Anvers *Belgique* – Leixoes (Porto) *Portugal* – Aveiro *Portugal* – Lisbonne *Portugal* – Las Palmas *Iles Canaries* – Tenerife *Iles Canaries* – Lisbonne *Portugal* – Aveiro *Portugal* – Rotterdam *Hollande* ou Anvers *Belgique*
(Voyage circulaire : 21 jours)

Tarifs :
Voyage circulaire : 2730 DM
Soit 130 DM par jour

Bateaux :
Construits en 1991/92, 2900 tonnes

64 Hambourg *Allemagne* – Anvers *Belgique* – Durban *Afrique du Sud* – Richards Bay ou East London *Afrique du Sud* – éventuellement Abidjan *Côte-d'Ivoire* – Liverpool *Grande-Bretagne* – Hambourg *Allemagne*
(Voyage circulaire : environ 60 jours)

Tarifs :
Voyage circulaire: 6 750 DM / 8440 DM
Soit 112 DM / 140 DM par jour

Bateaux :
4 passagers

96 **Ligne tour du monde :**
Hambourg *Allemagne* – Rotterdam *Hollande* – Le Havre *France* – Alexandrie *Egypte* – Djedda *Arabie Saoudite* – Mina Quaboos (Mutrah) *Oman* – Singapour – Hong Kong – Pusan *Corée du Sud* – éventuellement : Yokohama et Kobé *Japon* – Keelung (Chilung) *Taiwan* – Kaohsiung *Taiwan* – Hong Kong – Singapour – Colombo *Sri Lanka* – Alexandrie *Egypte* – Marseille *France* – Barcelone *Espagne* – Thamesport (Isle of Grain) *Grande-Bretagne* – Anvers *Belgique* – Hambourg *Allemagne*
(Voyage circulaire : environ 83 jours)

Tarifs :
Voyage circulaire : 9 130 DM / 15 563 DM
Soit 110 DM / 187 DM par jour

Hambourg – Singapour (33 jours) : 3 630 DM / 6 188 DM
Hambourg – Hong Kong (37 jours) : 4 070 DM / 6 938 DM
Hambourg – Pusan (46 jours) : 5 060 DM / 8 625 DM
Hambourg – Keelung (Chilung) (49 jours) :
5 390 DM / 9 188 DM

Singapour – Hambourg (24 jours) : 2 646 DM / 4 500 DM
Hong-Kong – Hambourg (29 jours) : 3 190 DM / 5 438 DM
Pusan – Hambourg (35 jours) : 3 850 DM / 6 563 DM
Keelung (Chilung) – Hambourg (42 jours) :
4 620 DM / 7 875 DM

MARGIS REISEAGENTUR

Stahltwiete 11
D-2000 Hamburg 50 Allemagne
Tél : (040) 851 28 60 **Fax** : (040) 850 50 52 (Indicatif : 49)

Cette agence de voyage spécialisée représente une dizaine de compagnies de navigation et propose une soixantaine de voyages sur des cargos dans le monde entier.

La brochure n'indique ni le nom des compagnies ni celui des bateaux, ce qui explique que l'on retrouve certains voyages sous cette rubrique :

34 Anvers *Belgique* – Santanas (sur l'Amazone) *Brésil* – Manaus (sur l'Amazone) *Brésil* – Itacoatiara (sur l'Amazone) *Brésil* – Belem *Brésil* – Fortaleza *Brésil* – Cabedelo *Brésil* – Hambourg *Allemagne*
(Voyage circulaire : environ 60 jours)

Tarifs :
Voyage circulaire : 6 990 DM
Soit 116 DM par jour

Bateau :
Construit en 1973, 7 500 tonnes, nationalité allemande, 1 passager

A noter :

Ce bateau ne dispose que d'une seule cabine simple. C'est à notre connaissance le seul à proposer un voyage sur l'Amazone.

51 Brême *Allemagne* – Felixstowe *Grande-Bretagne* – Anvers *Belgique* – Tripoli *Lybie* – Cartagena *Espagne* – Brême *Allemagne*
(Voyage circulaire : environ 30 jours)

Tarifs :
Voyage circulaire : 3 190 DM
Soit 106 DM par jour

Bateau :
Construit en 1979, 2 570 tonnes, nationalité allemande, 2 passagers, 2 cabines simples

SHIPS MONTHLY

Waterway Productions, Kottingham House
Dale street
Burton-on-Trent DE14 3TD Grande-Bretagne
Tél : (0895) 44 40 55

Ce petit magazine mensuel bien connu des amateurs de bateaux publie de nombreuses informations et photos actuelles ou anciennes sur tous bateaux, cargos, paquebots, ferries, navires-école, bateaux de guerre... Il s'intitule lui-même : "Le magazine international pour les amoureux de bateaux, à terre et en mer".

Il publie régulièrement des articles concernant les voyages en cargo, avec parfois des informations insolites.

On peut également se procurer le supplément consacré au voyage en cargo : "Freighter Travel Holiday Guide".

Abonnement 1 an : 29,50 £

STRAND CRUISE AND TRAVEL CENTER

Charing Cross Shopping Concourse
Strand, London WC2N 4HZ Grande-Bretagne
Tél : (071) 836 63 63 **Fax :** (071) 497 00 78 (Indicatif : 44)

C'est à Londres que se tient cette agence, l'une des plus importantes du moment, spécialisée dans le voyage en cargo.

Le département cargos du Strand Cruise and Travel Center, animé par John Alton, n'existe que depuis 1988 mais publie une brochure soignée et richement illustrée en couleurs, qui donne d'emblée la dimension du succès rencontré en Grande-Bretagne ces derniers temps par ce mode de voyage.

On y trouve des voyages pour tous les goûts, et toutes les destinations sont virtuellement couvertes. Trente-cinq compagnies de navigation sont représentées, offrant une soixantaine de trajets.

Cette agence propose en outre toutes sortes de formules de voyages, des séjours, des chambres d'hôtel ou des circuits touristiques dans de nombreux pays, ainsi que des combinaisons air/mer pour ceux qui ne souhaitent prendre le cargo que dans un seul sens.

Index des ports cités

Sont mis entre parenthèses soit le nom local d'un port, soit son nom en anglais lorsque celui-ci diffère trop du nom français, comme Anvers (Antwerp) etc.

Cet ouvrage a été réalisé par la
SOCIÉTÉ NOUVELLE FIRMIN-DIDOT
Mesnil-sur-l'Estrée
pour le compte des Éditions Lattès
en octobre 1993

Imprimé en France
Dépôt légal : novembre 1993
N° d'édition : 93235 - N° d'impression : 25229